中华精神家园

中部之魂

形胜之区

江西文化特色与形态

肖东发 主编 袁凤东 编著

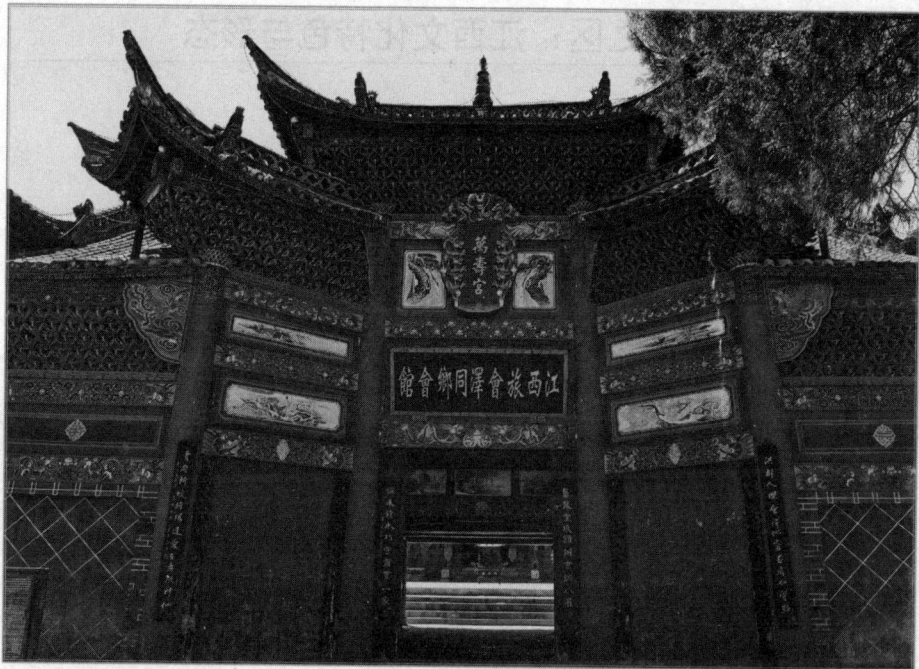

中国出版集团

现代出版社

图书在版编目（CIP）数据

形胜之区：江西文化特色与形态 / 袁凤东编著. 一
北京：现代出版社，2014.5（2019.1重印）
ISBN 978-7-5143-2427-3

Ⅰ．①形… Ⅱ．①袁… Ⅲ．①地方文化－研究－江西
省 Ⅳ．①G127.56

中国版本图书馆CIP数据核字（2014）第086306号

形胜之区：江西文化特色与形态

主　　编：肖东发
作　　者：袁凤东
责任编辑：王敬一
出版发行：现代出版社
通信地址：北京市定安门外安华里504号
邮政编码：100011
电　　话：010-64267325 64245264（传真）
网　　址：www.1980xd.com
电子邮箱：xiandai@cnpitc.com.cn
印　　刷：三河市华晨印务有限公司
开　　本：710mm×1000mm　1/16
印　　张：9.75
版　　次：2015年4月第1版　　2021年3月第4次印刷
书　　号：ISBN 978-7-5143-2427-3
定　　价：29.80元

党的十八大报告指出："文化是民族的血脉，是人民的精神家园。全面建成小康社会，实现中华民族伟大复兴，必须推动社会主义文化大发展大繁荣，兴起社会主义文化建设新高潮，提高国家文化软实力，发挥文化引领风尚、教育人民、服务社会、推动发展的作用。"

我国经过改革开放的历程，推进了民族振兴、国家富强、人民幸福的中国梦，推进了伟大复兴的历史进程。文化是立国之根，实现中国梦也是我国文化实现伟大复兴的过程，并最终体现为文化的发展繁荣。习近平指出，博大精深的中国优秀传统文化是我们在世界文化激荡中站稳脚跟的根基。中华文化源远流长，积淀着中华民族最深层的精神追求，代表着中华民族独特的精神标识，为中华民族生生不息、发展壮大提供了丰厚滋养。我们要认识中华文化的独特创造、价值理念、鲜明特色，增强文化自信和价值自信。

如今，我们正处在改革开放攻坚和经济发展的转型时期，面对世界各国形形色色的文化现象，面对各种眼花缭乱的现代传媒，我们要坚持文化自信，古为今用、洋为中用、推陈出新，有鉴别地加以对待，有扬弃地予以继承，传承和升华中华优秀传统文化，发展中国特色社会主义文化，增强国家文化软实力。

浩浩历史长河，熊熊文明薪火，中华文化源远流长，滚滚黄河、滔滔长江，是最直接的源头，这两大文化浪涛经过千百年冲刷洗礼和不断交流、融合以及沉淀，最终形成了求同存异、兼收并蓄的辉煌灿烂的中华文明，也是世界上唯一绵延不绝而从没中断的古老文化，并始终充满了生机与活力。

中华文化曾是东方文化摇篮，也是推动世界文明不断前行的动力之一。早在500年前，中华文化的四大发明催生了欧洲文艺复兴运动和地理大发现。中国四大发明先后传到西方，对于促进西方工业社会的形成和发展，曾起到了重要作用。

中华文化的力量，已经深深熔铸到我们的生命力、创造力和凝聚力中，是我们民族的基因。中华民族的精神，也已深深植根于绵延数千年的优秀文化传统之中，是我们的精神家园。

总之，中华文化博大精深，是中国各族人民五千年来创造、传承下来的物质文明和精神文明的总和，其内容包罗万象，浩若星汉，具有很强的文化纵深，蕴含丰富宝藏。我们要实现中华文化伟大复兴，首先要站在传统文化前沿，薪火相传，一脉相承，弘扬和发展五千年来优秀的、光明的、先进的、科学的、文明的和自豪的文化现象，融合古今中外一切文化精华，构建具有中国特色的现代民族文化，向世界和未来展示中华民族的文化力量、文化价值、文化形态与文化风采。

为此，在有关专家指导下，我们收集整理了大量古今资料和最新研究成果，特别编撰了本套大型书系。主要包括独具特色的语言文字、浩如烟海的文化典籍、名扬世界的科技工艺、异彩纷呈的文学艺术、充满智慧的中国哲学、完备而深刻的伦理道德、古风古韵的建筑遗存、深具内涵的自然名胜、悠久传承的历史文明，还有各具特色又相互交融的地域文化和民族文化等，充分显示了中华民族的厚重文化底蕴和强大民族凝聚力，具有极强的系统性、广博性和规模性。

本套书系的特点是全景展现，纵横捭阖，内容采取讲故事的方式进行叙述，语言通俗，明白晓畅，图文并茂，形象直观，古风古韵，格调高雅，具有很强的可读性、欣赏性、知识性和延伸性，能够让广大读者全面接触和感受中国文化的丰富内涵，增强中华儿女民族自尊心和文化自豪感，并能很好继承和弘扬中国文化，创造未来中国特色的先进民族文化。

2014年4月18日

文明开化——古老历史

文风传承——赣鄱风骨

守护之魂——赣江拾英

文化底蕴——艺苑风采

古老历史

　　江西文化，即赣文化，又称江右文化，在上古时代脱胎于越文化、吴文化，在2000多年中不断接受华夏文化的浸染，最终发展成江西本土文化。

　　江西历史悠久，文化璀璨。这里升起了稻作文明的曙光，点燃了人类烧制原始粗陶的火焰，开拓了华夏最早的铜工业基地。

　　江西地处大江南北交汇处，新石器时代遗址星罗棋布，各种原始文化在此相互交融，其文化面貌既有自身特色，又有沿海、江淮和华南文化的因素，文化面貌多姿多彩，反映出先民的独创性和对外来先进文化的包容性。

古老赣江孕育远古文明

江西位于长江中下游南岸，东临浙江、福建，南连广东，西接湖南，北毗湖北、安徽，是我国东南大三角的腹地，"章"、"贡"二水汇合而成的赣江自南而北纵贯全境。

江西历史悠久，很早就有人类在这里生活。如在江西安义、乐

■庐山仙人洞遗址

平、萍乡、新余等地都发现了20余万年前的旧石器时代人类文化遗存。

■ 旧石器时代生活场景

如仙人洞位于江西万年县大源镇附近的小荷山脚，为新石器时代洞穴遗址。仙人洞遗址的洞口朝向东南，前面有一条小河。遗址中的遗物非常丰富，有石器、骨器、穿孔蚌器、陶片和人头骨、下颌骨、牙齿等，还有数以万计的动物骨骼碎片。

其中最特别的是年代超过万年的夹粗砂条纹陶、绳纹陶，这不仅是东亚地区，也是世界上发现年代最早的陶器标本之一。

此外，在仙人洞还发现了12000年前的野生稻植化石和10000年前的栽培稻植化石，这是世界上年代最早的栽培稻遗存之一。

仙人洞遗址发现有华南地区洞穴罕见的从旧石器

绳纹 古代陶器的装饰纹样之一。一种比较原始的纹饰，有粗绳纹和细绳纹两种。是在陶拍上缠上草、藤之类绳子，在坯体上拍印而成的，有纵、横，斜并有分段、错乱，交叉，平行等多种形式。从早期的磁山文化开始，几乎流行于整个新石器时代。

形胜之区

江西文化特色与形态

■ 旧石器时代尖状石器

笄 古代的一种簪子，古人经常用它来插住挽起的头发，或插住帽子。因此，古代特指女子15岁可以盘发插笄的年龄为"及笄"或"笄年"，并为之举行成年礼。也称为笄礼，即汉民族女孩成人礼，古代嘉礼的一种。俗称"上头"、"上头礼"。笄，即簪子。自周代起，规定贵族女子在订婚以后出嫁之前行笄礼。

时代晚期向新石器时代早期过渡的清晰地层堆积，为探讨人类如何从旧石器时代过渡到新石器时代提供了重要资料。

万年仙人洞中的石器有一部分是打制的，如刮削器、砍砸器等，有些握石片在打下来后未经任何加工就用来作切割或刮削之用。还有一部分石器则是经过磨制的，如钻孔器、凿、铲等，磨制得也比较粗糙。

洞中的陶器都已破碎。从残片观察，器型大多是手工捏制而成的圆底罐，器内壁凹凸不平，胎壁厚薄不匀，胎质粗劣，有些还掺和了蚌末、石英粒；陶色很不稳定，有的在同一块陶片上呈现红、灰、黑三色；内壁和外壁均饰粗绳纹。这些都显示制陶技术尚处于原始阶段。

当时烧造陶器可能是采用平地堆烧的方法。骨器有鱼镖、凿、针、笄等。鱼镖上刻有倒刺，叉鱼的功能较强。另外，原始的凿用于加工木器，针用于缝制衣服，笄上刻有条纹，以使束发时不易滑脱，蚌器多数穿孔，孔一般是对钻或敲凿而成;敲凿的孔四周很不规整。

经过鉴定，万年仙人洞遗址里发现的大量兽骨都是野生动物遗骨，鹿、猿、虎、野猪、麂、猪獾、小灵猫、果子狸、猕猴等，龟、鳖、螃蟹的碎骨。

此外，在泥内发现属于四个个体的人骨化石，经鉴定，其中成年男女各一人，还有两个是8岁和1岁左右的小孩。

这是一个四口之家，但事实上当时还处于原始氏族社会阶段，距一夫一妻制家庭的诞生为期尚远，这时人们依然过着共同劳动、共同分配的原始共产主义生活。

从仙人洞遗址的生产工具和其他文化遗物可以说明当时的生产力水平还很低，先民们将兽皮缝缀衣服以避寒，将蚌壳钻孔后串连起来挂在胸前作装饰品，在山洞里燃起火堆烧煮食物和取暖，同时防御野

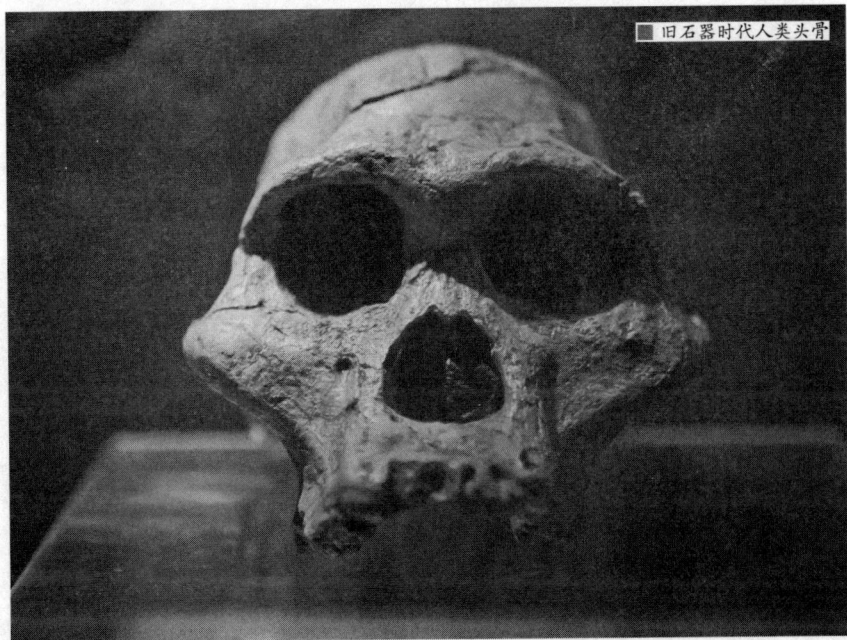
旧石器时代人类头骨

兽的侵袭。

这时还没有产生原始农业，人们主要靠渔猎为生，采集野生植物果实和螺蚌一类水生动物充饥。从野生动物的生活环境分析，大源一带在当年还是森林、湖沼地区。尽管居住环境十分险恶，我们的祖先却凭借着粗笨的石器，依靠群体的力量和智慧，战胜自然，顽强地生存了下来。

到了后来，被称为"百越"的民族进入了江西赣南地区。

除了原始的百越人以外，在赣南的高山峻岭、深山老林里，也生活着一种传说中的"赣巨人"。

有关赣巨人的最早记载，始于战国时期的《山海经·海内经》。

书中记载：

> 《山海经》 是我国先秦时期的重要古籍，是一部富于神话传说的最古老的奇书，传世版本共计18卷，包括《山经》5卷，《海经》13卷。内容包罗万象，主要记述古代神话、地理、动物、植物、矿产、巫术、宗教等，也包括古史、医药、民俗等方面的内容，是世界最早的有关文献。

■ 赣州古城

南方有赣巨人，人面长臂，黑身有毛，反踵。

■ 赣州古城楼

这也是有"赣"字最初的描述。

晋朝时郭璞在为《山海经》做注时，对赣巨人的活动地点进行了确切的记录：

今交州南康郡深山中皆有此物也。长丈许，脚跟反向，健走、披发、好笑，雌者能做汁，洒中人即病，土俗呼为山都。南康今有赣水，因有此人，因以名水。

自晋朝以来，赣南就设立了行政区划，称南康郡，隋代改称虔州、南宋改为赣州，治所赣县。然而，赣巨人说的《山海经》虽成书于战国时期，但其

郭璞 东晋著名学者，既是文学家又是训诂学家，郭璞除家传易学外，还承袭了道教的术数学理论，是两晋时代最著名的方术士，传说擅长诸多奇异的方术。也是我国风水学鼻祖，其所著《葬经》对风水及其重要性作了论述，是中华术数之大奇书。

客家人 又称为客家民系，是唯一不以地域命名的汉族民系，是世界上分布范围广阔、影响深远的民系之一。一般认为客家先民始于秦代，经西晋中原汉族大举南迁，其中有相当部分抵达粤赣闽三地交界处，而相对稳定的客家民系则在南宋才形成。

中的一部分内容却是魏晋以后增补进去的，特别是有关长江以南的记载，后世增补的情况较为突出。

而且，战国时期的典籍多由中原士人编撰，因受交通等自然现状的阻隔，对长江以南的地理情况不甚了了，直到秦始皇统一岭南，中原汉人才陆续迁徙赣南，成为客家人。

但由此可以证明，距今七八千年前，黄河流域的先民们辛勤开拓祖国中原大地的同时，居住在华南、东南地区的先民们也在披荆斩棘，创造着灿烂的古代文明。黄河流域、长江流域，甚至再南面的珠江流域，应都是中华民族的摇篮。

当时各种文化在祖国大地上争妍竞秀，并且常常互相影响，互相渗透。交织成一幅光彩流离的瑰丽图景，而且为后来独特的灿烂的中华文明打下了基础。

阅读链接

据资料记载，到全新世初期，以打制、磨制石器和粗砂绳纹陶共存的原始文化分布的范围很广，在我国华南、东南地区甚至包括印度支那的一些地方都曾有所发现，而万年仙人洞遗址可算是典型代表，因为万年仙人洞有层次分明的早晚不同时期的文化堆积，有较丰富的文化内涵。

在我国华南地区较早被发现，还经过两次科学发掘，人骨和动物骨骼也都经过了鉴定，这就为分析比较和综合研究提供了丰富的资料。因此，有人提议，可以把这同一类型的原始文化定名为"万年仙人洞文化"。

以青铜文明为主的商文化

　　青铜时代是人类历史发展的第二个社会阶段，也是人类社会进入文明时代的开始。江西近千处商周遗址的发现表明，江西的青铜文明有自己独立的发展序列。

　　江西在夏商时代的文化既受中原文化的影响，又有自身特色；西周以后，吸收了吴、越、楚、徐等周边文化。其中，瑞昌铜岭商周矿冶遗址、吴城商代遗址、新干大洋洲商墓是最为重要的青铜文化遗存。

　　商代青铜伏鸟双尾虎，就发现于江西新干大洋洲商代墓，

■商墓出土的青铜器

■伏鸟双尾虎

卷云纹 古代青铜器纹饰之一。起于战国，秦时得到进一步发展，汉、魏时代流行的装饰花纹之一。以"W"、"ん"为基本线形，通过粗细、疏密、黑白和虚实等对比手法，组成各种卷云纹，寓意高升和如意。

通长53.5厘米，重6.2千克，可谓虎之王者。虎立体圆铸，内空无底，四腿扑伏于地，抬头平视，背直脊凸，腹部略垂，双尾垂卷。背伏小鸟，尖嘴圆睛。

伏鸟双尾虎形象奇异神灵，双目圆凸，口张露齿，獠牙尖长，眉粗横行，两耳竖张，呈静伏蹲立欲纵之势。在其身上透露出了虎的威武、勇猛的神情，内中则藏匿着一种诡谲、仙逸的神气。伏于虎背的那只小鸟与虎的关系朦胧不清，留给人们不尽的想象。

虎身遍饰花纹，脸、腹部饰卷云纹，背部则饰云雷纹，鼻面、正脊、尾部与四腿下部饰变形鳞纹，四腿上部则为醒目的雷纹。虎形体大，造型奇特，它把虎的神性和人对虎的崇尚表现到了极致。

商代青铜器的虎纹多在南方出现，其中，新干大洋洲青铜器上的虎纹最为集中，9件青铜鼎的27只扁足采用虎形，10件鼎耳上立有20只虎，2件戈以虎首装饰，青铜铲柄上有2只虎纹，1件青铜杖首以虎首为造型。

这说明在商代江西青铜文化中，形成了独特的虎崇拜，虎是江西当时最具地域文化的标志。

商兽面纹鹿耳四足青铜甗也发现于江西新干大洋洲，通高105厘米，重78.5千克。这件兽面纹鹿耳四足青铜甗是最大的青铜甗，有"甗王"之誉。

此甗甑鬲连体，鬲裆高，下四足。耳上各立一鹿，一雄一雌，回首相顾。鹿竖角，短尾卷，身披鳞片。甑腹饰四组展体的兽面纹。

鬲足袋满饰浮雕兽面纹，它体形巨大，气势雄浑，奇美诡异，稳定性良好。

在江西新干还发现一件奇特的商代双面神人青铜头像，通高53厘米，面宽14.5×22.0厘米、銎径4.5×5.0厘米、管径6.0厘米。中空扁体，两面对称。

该器人首造型，面呈倒置等腰梯形，额宽，顶圆，边直，颔方。眼眶窝凹，眼球突出，内开大孔。鼻梁修长，翼肥蒜状，两孔较小。嘴张齿露，中牙铲形，侧牙钩卷。上竖方管，下接圆銎，旁安两耳，顶插双角。

头像顶上圆管插羽

甗 是我国先秦时期的蒸食用具，可分为两部分，下半部是鬲，用于煮水，上半部是甑，两者之间有镂空的箅，用来放置食物，可通蒸汽。商代甗多为圆形，直耳，侈口，束腰，袋状腹，腹下设锥足或柱形足，器体厚重。商早期花纹简单，晚期多用兽面纹装饰。

文明开化

古老历史

■双面神人青铜头像

■ 商代提梁方腹卣

卣 我国先秦时期酒器。口椭圆形，足为圆形，有盖和提梁，腹深，有圆形、椭圆形、方形、圆筒形等。卣常见于商朝和西周时期，一般说，商代多椭圆形的或方形的卣，西周多圆形的卣。西周卣承商代形制而有所变化，其中最有特色的是鸟兽形卣。

冠，下部方銮安装木柄，管銮相通。上管圆、下銮方的造型和古人天圆地方的理念正合，暗寓着其贯通天地之功能。

商代巫风盛炽。巫师的职责乃贯通天地，上天见神，使神降地。此头像前后两面完全对称，一幅神秘诡异、威严慑人的面容，其半人半神的形象与通行于人神之间的巫师身份相符。

而新干的商提梁方腹卣则是发现最早的专用水热温酒器。它通高28厘米，重2.3千克。器形别致，上圆颈，中方腹，下圈足。两侧肩钮联系扁平半环形提梁。腹立面横置长方形，截面正方，方形空槽穿通各面中央，水平面呈"十"形。

全器满饰纹，口沿下共目夔纹；颈部二层兽面纹；肩部环柱角兽面纹；方腹以槽口为中，分为内外两层，槽口上下的内外四层皆以正中轴分别兽面纹，两侧的内外分布纵向四条共目夔纹。

提梁表面层层鳞片，两端高浮凸兽首朝上，双角内卷，圆目特凸，张口露出三角形齿，如衔咬宽扁提梁。一条"S"形蟠蛇联系盖和钮，蛇头口咬一环，环中孔洞以插销与盖连接。蛇尾勾于提梁的环系。矮圈足镂出花纹。

方卣不仅纹饰纤细精美，而且器形特别，功能新奇。盛酒之卣坐于热水之中，腹的槽孔扩大了冷酒与热水接触的面积，酒温提高加速。热水烫酒饮之舒适、酣畅。

鼎更是商代最常见也最重要的青铜器，江西发现的大型鼎如商乳丁纹虎耳方形青铜鼎，造型古朴庄严，器立耳，口近正方形，折沿，腹部呈方斗形，壁微斜，平底，下承四柱足，中空。腹部四壁两侧缘与下缘饰乳丁纹，上腹部与四足上部饰带状饕餮纹。

新干大洋洲还发现有4件青铜乐器，包括1件镈和3件铙。它们都是南方特有的器物，造型及装饰风格与中原商文化迥然不同。最有特色的是一件牛角兽面纹立鸟青铜镈，高31.6厘米、舞横17.5厘米、舞纵11.4厘米。

早在青铜时代出现之前，礼器就主要用玉石制作，成为统治阶级显示地位，沟通神灵的工具。商代玉器亦用来作为重要的祭祀仪仗。

江西新干大洋洲同时发现各类玉器754件，包括礼器琮、璧、瑗、玦、璜，仪仗器戈、矛、铲，饰品侧身羽人、神人兽面形饰、镯、蝉、蛙、鱼、柄形器、水晶环等，完整器计25种75件。

如活环屈蹲羽人玉佩饰，羽人身高8.7厘米，背脊厚1.4厘米，三环通长4.6厘米。叶腊石质，呈棕红色，色泽匀润，无瑕疵。通体作侧身蹲坐式。高冠，呈鸟形，鸟尾以掏雕法琢出3个相连的链环。

羽人臣字目，粗横

■ 活环屈蹲羽人玉佩

眉，半环耳。嘴巴呈高勾，并内卷成喙状，几与下颌相连。双臂拳曲于胸前，臂、肩高耸，采用减地法而呈浮雕状；双腿弯曲成蹲坐式。腰、背两侧有竖列鳞片纹，采用减地法而呈浮雕状，鳞片纹外侧雕有羽翼。

羽人涂有朱砂，可能是在某种礼仪场合使用的神器。

新干大洋洲玉器群，种类繁多，工艺娴熟，制作精致，打磨光滑，刻纹细如毫发，图案十分规整，令人惊叹叫绝。这些鬼斧神工般的玉器与大洋洲青铜器争奇斗妍，交相辉映，共同展示了赣江流域商代文明的最高水平。

新干大洋洲共有完整和已复原的陶瓷器139件，有炊器、盛食器和生产工具等，其数量之大在商代墓葬中少见。

与新干青铜器鲜明的中原文化特色相比，新干陶瓷器具有更多本地文化的地域特征。从造型、纹饰及质地来看，大洋洲无釉陶器上的中原文化因素与吴城文化因素并存，而带釉陶器与原始瓷则几乎是纯粹的吴城文化器物。

陶器上大量的陶文和符号等实物资料，也证实了殷商时期赣鄱地区不是"荒服之地"，而是有高度发展的物质文化的文明区域。

阅读链接

如果从"……贞，令望乘暨举途虎方，十一月……"等甲骨文研究入手，可以得知"虎方"是商代存在于南方的一个方国，是殷商之外的地方政权。

对于"虎方"国的地属，有人根据考古实物与历史地理学的研究，形成了几种不同的意见。江西新干县大洋洲遗存的发现，为"虎方"国的研究提供了新的视野，有人提出赣鄱地区实为商代"虎方"国所在地。

祭祀神雀而产生的傩文化

傩文化是一种远古的原始文化，是我国传统文化的一个重要组成部分。远古先民在征服自然中获得生息，繁衍后代，生存的欲望需要宗教观念的帮助，来超越自我，龙的传人以伟大的浪漫主义心性，创造了灿烂的巫傩文化。

巫傩活动在江西赣鄱大地可上溯至殷商。经3000年的沿袭、发展，江西傩文化形成了历史积淀丰厚、原始形态古朴、文化遗存众多、文化体系完整等鲜明的特点。

"傩"乃人避其难之谓，意为"惊驱疫厉之鬼"。巫傩活动在生命意识上满足了广大信仰者的心理要求，长期以

■ 傩戏古画

傩 我国汉字是象形文字，它的意义往往包含在它的象形之中。傩字的繁体字由"亻"、"堇"、"隹"三字合成，"亻"字表示它与人事有关，"堇"是记音，"隹"就是雀。因此，"傩"就是崇拜神雀的农耕民族所举行的"神雀祭"。

■ 傩面具

来，巫傩之风的传承与流布融入江西人习俗之中。

我国南方的洞庭湖、鄱阳湖、太湖等大面积水域和它的水源地都有可能是水稻文化的发祥地。由于"傩文化"是农耕时代的意识形态，它只能依附农耕文化才能生存。

"傩"就是崇拜神雀的农耕民族所举行的"神雀祭"，从而"傩文化"就是因祭祀神雀而产生出的一系列"神雀文化"。

雀、鸾是一音之转，因此，这种被人崇拜的神雀，也就是鸾鸟，在我国古籍上有雀、雒、鸾、丹雀、彩鸾、鸾凤、丹凤、凤凰等种种称谓。可以说，"傩文化"就是"鸾文化"。

狩猎，是人类延续了几百万年的生产项目，在驱赶中猎取动物是一种基本的狩猎技能。

经历了旧石器时代长期的狩猎实践，人们不断观察和模仿动物行为，在狩猎之余也会手舞足蹈，以表达狩猎成功的喜悦和对动物的喜爱，并力求模仿得逼真。这便是原始驱赶式群舞，一种最接近自然状态的艺术。

稍晚，发明了面具狩猎法，人们靠着面具伪装，接近和袭击野兽变得比较容易，狩猎成功率大为提高。人们便以为面具本身具有某种力量，因而产生了崇敬甚至敬畏面具的心理，早期的狩猎面具是假形和假头。

在原始假面驱赶式群舞与原始巫术结合之后，逐渐演变成原始假面式巫舞；进入新石器时代，随着农业经济的发展，驱赶巫舞逐渐转向以农耕为主题，成为农业社会的驱赶式巫舞。

在我国，就有定居的旱作农业、稻作农业、半定居农业、草原游牧业、高原农牧业等不同经济类型同时并存。

■ 多种多样的傩戏面具

最迟到青铜时代，便形成了中原史官文化、南方巫官文化、北方萨满文化等不同文化形态。进而造就了许多不同形态的假面驱赶巫舞。在中原，则形成原始傩仪。

这种原始傩仪应当有这样一些特点：最初是随意、杂乱无章的，没有整齐的步伐，模仿的是追捕动物时的速度和效率。没有程式，无需继承，每次的舞姿可以不同。

但是，少不了"驱逐状"这个基本形态；要披兽皮或戴兽皮假形面具，跟真狩猎时一样作动物打扮，并且力求模仿得逼真。

萨满 我国古代北方民族普遍信仰的一种原始多神宗教，产生于原始母系氏族社会的繁荣时期。古代北方民族或部落，如肃慎、靺鞨、女真、匈奴、契丹等；后世北方民族，如满族、蒙古、赫哲、鄂温克、哈萨克等民族也都信奉萨满教或保留萨满教的某些遗俗。

角抵 是我国古代的一种竞技类活动形式，秦始皇统一中国后，禁止民间私藏兵器，于是，作为徒手相搏斗的角抵兴盛起来。汉代，民间出现了一种由"蚩尤戏"发展而成的两个人在公开场合表演的竞技活动，已经具有后来摔跤的基本特色，并有着特定的文化内涵。

春秋前后，傩舞习俗的用意已转为驱邪逐疫。百戏、角抵也演变为民间节令的娱乐形式之一。然而，跳舞中的动作、仪仗、身体装饰仍然有模仿动物的用意，所表现的图腾跳舞的痕迹极易找寻。

另外，我国古代的礼，是一种基本政治制度，关系到社会生活诸多方面。

礼从风俗中提炼而来。礼就是法，违礼就是违法。礼又是一种宗教，古代的礼也是由国家组织和管理的宗教活动。

我国古代的礼分为吉、凶、军、宾、嘉五类，称为五礼。两千多年的古代历史，也是五礼的历史。

一般说来，古代的傩礼，有两大任务：一、定期驱傩；二、为死去的帝王将相送葬。它至少与军礼和凶礼有关。

■ 傩戏雕塑

■ 湘东傩面具

　　傩礼，在五礼中是军礼的一个项目，它本身就是一种带军事性质的行动，傩礼"亦是武事"。周代傩礼的主角方相氏，由掌管军政军赋的大臣夏官大司马领导。

　　方相氏本人没有爵位，不在士大夫阶级之列，却是掌管驱鬼逐疫的下层专职军官。方相氏被称为"狂夫"，就是因为他们是个子高、力气大、本领强的军中能人。

　　由此可见，周代傩礼的"礼"意思是"军人战胜鬼疫"。

　　上古的傩，简单而又粗犷，保持着浓厚的原始群舞特点。进入秦汉时期，由于信仰和艺术活动的新发展，要求傩礼也要有所提高。

　　从秦和西汉的傩礼开始，逐渐增加了一些新的内

方相氏 我国古代官名，是周礼规定的司马的下属，最高官阶为下大夫。掌蒙熊皮、黄金四目、玄衣朱裳、执戈扬盾为国家驱疫。葬礼时，方相氏则驱方良。宫廷里，方相氏驱疫的仪式叫大傩，唐朝成为军礼之一，隶属太卜属。

司马彪 字绍统，河内温县人。晋朝皇族，高阳王司马睦长子。他的著名著作《续汉书》又称《后汉书》，《续汉书》与《史记》《汉书》《三国志》并称"前四史"，是纪传体史书的代表作之一。全书包括帝后纪10卷，列传80卷，记载了王莽末年到汉献帝逊位其间200余年的史事。

容和程序。

先是在方相氏和百隶的基础上加进了童男童女，东汉前期又将童男童女改成只有童男担任的"侲子"。到了汉末，更增添了"十二兽吃鬼歌"及其表演过程。

西晋史学家司马彪在他的《续汉书·礼仪志》中记载了这种汉末傩制，其他所有后汉史书全都没有提及。其中，十二兽又称"十二兽神"或"十二神"，多数出典无从查考，被十二兽"吃"的11疫大多也找不到来源。

这是这种傩制经历的时间极短，又逢兵荒马乱，使典故失传，终成千古之谜。

"十二兽吃鬼歌"的内容是说：甲作、巯胃、雄伯、腾简、揽诸、伯奇、强梁、祖明、委随、错断、穷奇、腾根12位神兽，分别要吃鬼虎、疫、魅、不祥、咎、梦、磔死、寄生、观、巨、蛊等11种鬼疫；最后还要劝鬼疫赶快逃跑，不然就会被12兽吃掉。

阅读链接

傩文化是一种特定社会的"意识形态"，就像"儒家文化"是封建主义社会的意识形态一样，"傩文化"则是古代我国原始社会农耕阶段的意识形态。

因此，研究"傩文化"与研究"儒家文化"的意义是没有多大差别的。但由于"傩文化"是我国原始时代的意识形态，因此说："人类必须先获得文明的一切要素，然后才能进入文明社会"的哲理，中华文明的"文明要素"就在古老的傩文化之中，傩文化可以说是中华文明的文化基因。

赣鄱风骨

江西素有文章节义之邦的美誉，赣文化的精髓所在，核心奥义为："文、章、节、义"。可以说自古以来文章与节义并重，不仅是对赣文化主体精神的评判之一，而且是江西人士遵循的人生信条和追求目标。

在宋代以前，江西所出人才并不突出，但在北宋中后期迅速崛起并完全取代了河南作为文化中心的位置，并且一直保持到明代中前期。

况且宋朝是华夏文化的造极之世，宋明时期又是中国学术文化史上的第二个诸子百家时代，江西文化人无疑是其中的主角。

人杰的典范和楷模徐稚

徐稚，字孺子，豫章南昌人。是我国东汉时期著名的高士贤人，经学家，世称"南州高士"。徐稚以"恭俭义让，淡泊明志"的处世哲学受到世人推崇，被认为是"人杰"的典范和楷模。

徐稚从小读书刻苦，9岁即能记诵《春秋》和《公羊传》，有一次，大家在月光下玩耍，有人对他说："如果月亮里面什么也没有，会更加明亮吧？"

徐孺子说："不是这样。好比人的眼睛里有瞳仁，没有这个一定看不见。"

徐稚11岁时，有一天到东汉大儒郭林宗家去玩，看见郭林宗正在院子里指挥工匠们砍树，徐稚就问他："郭伯伯，这棵大树

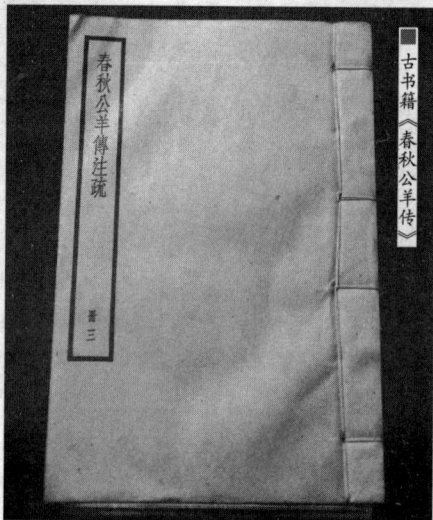

古书籍《春秋公羊传》

冬天能挡风，夏天好乘凉，为什么要把它砍倒呢？"

郭林宗说："院子方方像个口，木在口中是个'困'字，不吉利，不砍掉它，办事就会不顺利。"

徐稚顺手捡起一根树枝在地上写了一个字，郭林宗看到后，立刻叫工匠们停止砍树。

原来徐稚在"口"中加上个"人"字，就变成了囚犯的"囚"字，人住在方方的院子里不成了囚犯了吗？郭林宗也觉得自己太荒唐了，便不再砍树了。

■ 徐稚雕塑

人们知道这件事后，都夸赞徐稚聪明。

徐稚15岁时，奉父亲徐俭之命，在外祖父欧阳氏的资助下，来到丰城、南昌、进贤三县交界的楮山，拜当时著名学者唐檀为师。

唐檀非常喜欢年轻好学的徐稚，便将平生所学倾力传授。唐檀去世以后，徐孺子便在楮山智度寺开始了长期的隐居生活。

楮山一带风景秀丽、气候宜人，徐稚一面在这里隐居种地，一面设帐授徒，在被后人称为"徐孺子读书台"的巨型石坡上苦读不辍，对《严氏春秋》《京氏易》和《欧阳尚书》的研读造诣尤深。

徐稚曾一度外出远游，向南阳大儒樊英和江夏学

郭林宗 也称郭泰，东汉末学者，字林宗，太原介休人。身长8尺，相貌魁伟，绣衣博带，周游列国。与李膺等交游，名重洛阳，太学生推为领袖。被士子誉为"八顾"之一，言能以德行导人。官府召辟，皆不就，后闭门教授，弟子千人。

者黄琼请教，得益匪浅，使他成为当时颇有名望的学者之一，并结交了许多正直的饱学之士。史书称他除学术外，兼综七纬、变易、风角、推步等高深知识。

徐稚在楮山隐居时，亲自耕种庄稼，非其力不食。由于他在当地颇负声望，在他的影响下，楮山一带民风淳朴，世俗清正，出现了路不拾遗、夜不闭户的太平景象，因此，徐稚受到地方官员多次的察举和推荐。

一向礼贤下士的尚书陈蕃在147年出任预章太守后，还未来得及进衙门办公，便急着要去拜访徐稚。

当时徐稚已年过50岁，当陈蕃派人将他从楮山请来时，专门为徐稚准备了一张床，徐稚来时放下，走后挂起，并在南昌东湖边为他建了一座小宅，后来成为徐孺子祠的地方。

因此，唐代诗人王勃在《滕王阁序》中说：

■ 孺子亭

人杰地灵，徐孺下陈蕃之榻。

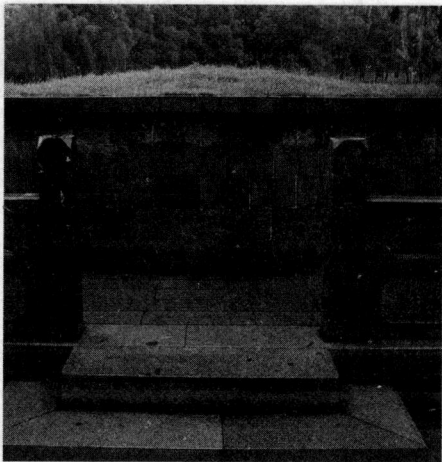
■ 徐孺子墓

徐稚一贯崇尚"恭俭义让，淡泊明志"，不愿为官而乐于助人，被人们尊称为"南州高士"和"布衣学者"。他曾拜黄琼为师，后来黄琼当了大官，徐稚就与之断交，并多次拒绝黄琼邀请他去当官。

164年，黄琼去世，人们纷纷前去吊丧。徐稚作为他的弟子，为报当年教育之恩千里前往，他身背干粮从南昌徒步数日赶到江夏哭祭，一路为人磨镜自给。

徐稚到了黄琼家，他也不和家属说话，也不和周围人寒暄，而是一个人拿了酒洒在地上表示祭奠，放声痛哭后就走了。

周围的人也不知道他是谁，都被徐稚的这些举动弄得莫名其妙，大家议论纷纷，有人就去问主持丧事的人："这个人叫什么名字啊？"

主持丧事的说："我也不知道他是谁，反正那个人穿得破破烂烂的，在这里放声大哭。"

大家听到这里，恍然大悟说："那这个人肯定是徐稚了。"

于是众人选派善于言辞的陈留人茅容，跨上快马急忙去追赶徐稚，不久茅容就追上了徐稚。

陈留 位于河南省开封市，陈留镇有着悠久的历史和丰富的文化资源。战国时期属郑国，名留地，后被陈国所并，更名为陈留。商汤时著名宰相伊尹，东汉文学家、政治家蔡邕，艺术家、文学家蔡琰，东汉末年曹操部将典韦，汉光武帝时洛阳令董宣等均是陈留人。

徐稚墓

　　茅容拉住了徐稚，买来了酒肉，两人在一起边吃边聊。一开始，茅容和徐稚谈论国家大事，徐稚却一声不吭。

　　茅容只能改变话题，和徐稚讲讲农田之事，徐稚这下却打开了话匣子，和茅容大谈特谈如何种庄稼。

　　茅容非常郁闷地吃完了这顿饭，由于徐稚不愿和茅容回去，吃完饭以后两人就分道扬镳了。

　　茅容回去以后，将路上发生的事情告诉大家。有人说："孔子云：'可与言而不与之言，失人。'然则孺子其失人乎？"

　　这话的意思是责怪徐稚没有和茅容谈论国家大事，这是徐稚看不起茅容。

　　郭林宗也在场，他却说："你们说得不对，徐稚这个人品格非常高洁，他饥饿的时候也不会接受别人的饮食，寒冷的时候也不会接受别人的衣服，现在茅容请他吃饭而他没有拒绝，说明他在内心已经肯定茅容了，他之所以不和茅容谈话，不是因为他看不起茅容，而是因为他大智若愚啊！"

于是人们非常敬佩地说："邀官不肯出门，奔丧不远千里。真是高人啊！"

另外，当郭林宗之母去世时，徐稚也赶到介休凭吊，只置生刍即春草一束于墓前而去，却并不见主人。

相传陈蕃曾多次赠粮给徐稚，徐稚却认为"非自力而不食"，于是全部转送给贫苦人家。

徐稚谢世后，葬于南昌进贤门外东潭巷铁树坡旧城壕沟边，后人为纪念这位东汉著名的高士，曾于南昌城内的青山湖畔建徐孺子祠堂，北宋诗人黄庭坚游学南昌期间拜谒徐祠后写道：

> 乔木幽人三亩宅，　生刍一束向谁论。
> 藤萝得意干云日，　箫鼓何心进酒樽。
> 白屋可能无孺子，　黄堂不是欠陈蕃。
> 古人冷淡今人笑，　湖水年年到旧痕。

阅读链接

根据历代修撰的《南昌府志》《南昌县志》及当代《南昌市地名志》记载证明，徐稚是豫章故郡北沥村人，唐代著名书法家颜真卿在其《豫章北沥徐氏族谱序》中也记载"今北沥徐，自西汉审言始，四传而至南州高士讳稚字孺子者"。

范晔的《后汉书·徐稚传》、唐代张九龄的《全唐文》、北宋曾巩的《祭汉徐孺文》以及郦道元的《水经注》等史料都肯定了徐稚出生于北沥村。

关于他的出生地，还有丰城市白土乡隐溪村、南昌市青云谱区徐家坊之说。其中白土镇隐溪村人说是明显的误传，隐溪村只有800多历史，与徐稚1900多年相差悬殊。

千古隐逸之宗陶渊明

陶渊明，字元亮，又一名潜，字渊明，号五柳先生，私谥靖节，东晋末期南朝宋初期诗人、文学家、辞赋家、散文家。东晋时期浔阳柴桑，即江西九江人。

■陶渊明画像

陶渊明曾做过几年小官，后辞官回家，从此隐居，从此开创了以田园生活为主的清新诗风。他是我国第一位田园诗人，被称为"千古隐逸之宗"。

陶渊明大约生于365年，出身于没落仕宦家庭。晋世名渊明，入刘宋后改名潜。他曾祖父陶侃，是东晋开国元勋，军功显著，官至大司马，都督八州军事，荆、江二州刺史、封长沙郡公。祖父陶茂、父亲陶逸都做过太守。

陶渊明年幼时，家庭衰微，9岁丧父，与母亲、妹妹三人过着清贫的日子。其母是孟嘉的女儿，孟嘉是陶侃的女婿。

孟嘉是当时名士，"行不苟合，年无夸矜，未尝有喜愠之容。好酗酒，逾多不乱；至于忘怀得意，旁若无人。"

于是，陶渊明日后的个性、修养，都很有外祖父的遗风。

■ 陶渊明铜像

外祖父家里藏书多，给陶渊明提供了阅读古籍和了解历史的条件，在学者以《庄》《老》为宗而黜《六经》的两晋时代，他不仅像一般的士大夫那样学了《老子》《庄子》，而且还学了儒家的《六经》和文、史以及神话之类的"异书"。

时代思潮和家庭环境的影响，使陶渊明接受了儒家和道家两种不同的思想，培养了"猛志逸四海"和"性本爱丘山"的两种不同的志趣。

陶渊明少年时期有"骞翮思远翥"的大志，393年，他怀着"大济苍生"的愿望，任江州刺史王凝之的祭酒。当时门阀制度森严，他出身庶族，受人轻视，感到不堪吏职，不久就辞职回家了。

陶渊明辞职回家后，州里又来召他做主簿，他也

大司马 古代官名。《周礼·夏官》有大司马，掌邦政。汉承秦制，置丞相、御史大夫、太尉。汉武帝罢太尉置大司马。东汉初为三公之一，旋改太尉，东汉末年又别置大司马，位在三公之上。后世沿用，明清则用作兵部尚书的别称。

■ 陶渊明故居

督邮 古代官
名。督邮书掾、
督邮曹掾的简
称。汉代各郡的
重要属吏。代表
太守督察县乡，
宣达政令兼司法
等。每郡分若干
部，每部设一督
邮。汉时位轻权
重，凡传达教
令，督察属吏，
案验刑狱，检核
非法等，无所不
管。郡分部者，
部皆置，如西部
督邮、东部督邮
等。魏、晋起地
位似不如前代。
后设置渐少。隋
初废除。

辞谢了。400年，陶渊明到荆州，投入桓玄门下做属
吏。这时，桓玄正控制着长江中上游，窥伺着篡夺东
晋政权的时机。

陶渊明当然不肯与桓玄同流，他在诗中写道：
"如何舍此去，遥遥至西荆。"对错投桓玄有悔恨之
意。"久游恋所生，如何淹在滋？"中对俯仰由人的
宦途生活，发出了深长的叹息。

后来，陶渊明因丧母辞职回家。桓玄举兵夺取东
晋军政大权并做了皇帝时，陶渊明在家乡躬耕自资，
闭户高吟："寝迹衡门下，邈与世相绝。顾盼莫谁
知，荆扉昼常闭。"由此说明，他对桓玄称帝之事，
不屑一谈。

当刘裕讨伐桓玄率兵东下时，陶渊明又仿效田畴
效忠东汉王朝乔装驰驱的故事，乔装私行，冒险到达

建康，把桓玄挟持安帝到江陵的始末，驰报刘裕，实现了他对篡夺者抗争的意愿。他高兴极了，写诗明志：

> 四十无闻，斯不足畏，
>
> 脂我名车，策我名骥。
>
> 千里虽遥，孰敢不至！

刘裕的性格、才干、功绩，颇有与陶渊明曾祖父陶侃相似的地方，陶渊明曾一度对他产生好感。但是入幕不久，看到刘裕的所作所为，感到失望。

他在《始作镇军参军经曲阿作》这首诗中写道："目倦山川异，心念山泽居"、"聊且凭化迁，终返班生庐"。

紧接着，陶渊明再次辞职隐居，于405年转入建威将军、江州刺史刘敬宣部任建威参军。后来，陶渊明奉命赴建康替刘敬宣上表辞职。刘敬宣离职后，他也随着去职了。

同年秋，叔父陶逵介绍陶渊明任彭泽县令，到任81天，碰到浔阳郡督邮，属吏说："当束带迎之。"

他叹道："我岂能为五斗米折腰向乡里小儿。"遂授印去职。

■ 明代马轼的《问征夫以前路》

陶渊明13年的仕宦生活，自辞彭泽县令结束。这13年，是他为实现"大济苍生"的理想抱负而不断尝试、不断失望、终至绝望的13年。最后赋《归去来兮辞》，表明与上层统治阶级决裂，不与世俗同流合污的决心。

陶渊明辞官归里，过着"躬耕自资"的生活。因其居住地门前栽种有五棵柳树，故被人称为五柳先生。夫人翟氏，与他志同道合，安贫乐道，"夫耕于前，妻锄于后"，共同劳动，维持生活，与劳动人民日益接近，息息相关。

归田之初，生活尚可。"方宅十余亩，草屋八九间，榆柳荫后檐，桃李罗堂前。"

陶渊明一生爱菊，宅边遍植菊花。他的诗文"采菊东篱下，悠然见南山"脍炙人口。

陶渊明性嗜酒，饮必醉。朋友来访，无论贵贱，只要家中有酒，必与同饮。

每次都是他先醉，于是，他便对客人说："我醉欲眠卿可去。"

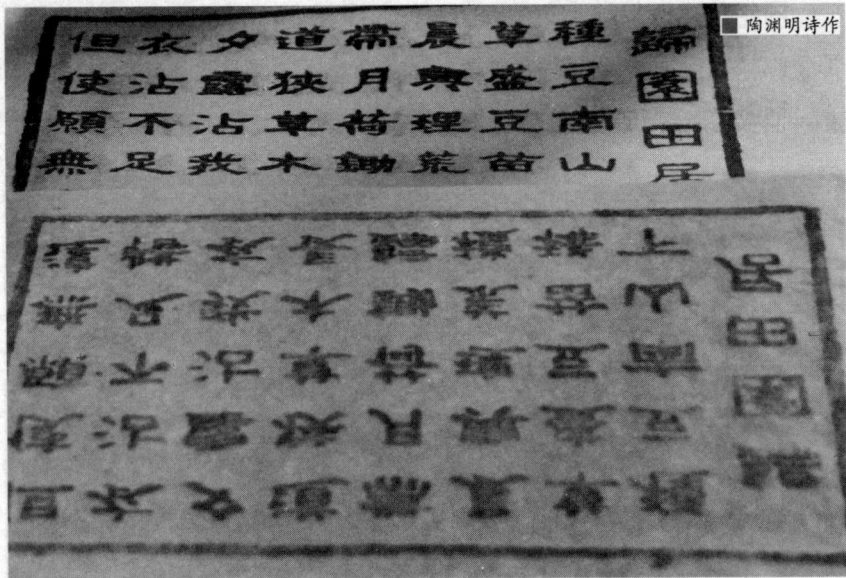

■陶渊明诗作

在其《五柳先生传》中也有记载："造饮辄尽，期在必醉；既醉而退，曾不吝情去留。"

陶渊明在农村长期参与田间劳作，感情上越来越贴近劳动人民，更了解人民疾苦，在他的诗中对劳动人民的贫寒生活多有反映。他在诗中写道：

■ 元代钱选的《扶醉图》

> 夏日常抱饥，寒夜无被眠……
>
> 旧谷既没，新谷未登，颇为老农，而值年灾，日月尚悠，为患未已……
>
> 羲农去我久，举世少复真……重华去我久，贫上世相寻。

虽然归隐田园，但陶渊明心中并不平静，他不愿也不可能完全抛却社会现实，于是，他将自己未尽的政治理想寄寓诗中。

在《桃花源诗》里，诗人描述了一个心中的理想社会："春蚕收长丝，秋熟靡王税"，"童孺纵行歌，斑白欢游诣"，人人都"怡然自乐"。

这里没有剥削，没有压迫，人人劳动，大家过着富庶和平的生活。这个"世外桃源"反映了陶渊明美好的愿望，它和当时的社会现实形成了鲜明的对比，是他对现实社会的一种否定。

■ 袁耀的《桃源图》

它是他归田后对农村生活实践的结晶，是陶渊明思想进一步发展的结果。这也足以证明，归隐后的陶渊明并未完全脱离现实。

陶渊明辞官回乡22年，一直过着贫困的田园生活，而固穷守节的志趣，老而益坚。427年农历九月，在他神志还清醒的时候，他还专门给自己写了《拟挽歌辞》三首。

在第三首诗中末两句说："死去何所道，托体同山阿。"这表明他对死亡看得那样平淡自然。

427年，陶渊明走完了他63年的生命历程，与世长辞。他被安葬在南山脚下的陶家墓地中，墓碑由一大二小共三块碑石组成，正中楷书"晋征士陶公靖节先生之墓"，左刻墓志，右刻《归去来兮辞》，是清朝乾隆时陶姓子孙所立。

阅读链接

陶渊明的隐逸文化总的风格有三：其一是柔，其二是淡，其三是远。他的创作开创了田园诗的体系，从而使我国古典诗歌达到了一个新的境界。

从古至今，有很多人喜欢陶渊明固守寒庐，寄意田园，超凡脱俗的人生哲学，以及他淡薄渺远，恬静自然，无与伦比的艺术风格；同时对陶渊明归隐田园的原因以及他的隐居生活情况进行研究分析。

天变不足畏的王安石

王安石，字介甫，晚号半山，谥号"文"，世称王文公，自号临川先生，晚年封荆国公，世称临川先生又称王荆公，北宋江西临川延寿乡人，我国杰出的政治家、文学家、思想家、改革家。

王安石变法对北宋后期社会经济产生很深的影响，他以"天变不足畏，祖宗不足法，人言不足恤"的精神推动改革，力图革除北宋存在的积弊，推行一系列措施富国强兵。同时，王安石在文学上具有突出成就，是唐宋时期文坛八大家之一，"八大家"即唐代的韩愈、柳宗元和宋代的苏轼、苏

■ 王安石画像

判官 隋使府始置判官。唐制，特派担任临时职务的大臣可自选中级官员奏请充任判官，以资佐理。宋代于各州府沿置，选派京官充任称签书判官厅公事，省称"签判"；各路经略、宣抚、转运和中央的三衙、群牧等使府及州。

■ 王安石雕像

洵、苏辙、欧阳修、王安石、曾巩。

王安石出生在一个小官吏家庭。父益，字损之，曾为临江军判官，一生在南北各地做了几任州县官。王安石少好读书，记忆力强，受到较好的教育。

而且，王安石从小随父宦游南北各地，增加了社会阅历，开阔了眼界，目睹了人民生活的艰辛，对朝廷的隐患有了一定的感性认识，青年时期便立下了"矫世变俗"之志。

1042年，王安石登杨寘榜进士第四名，先后任签书淮南东路节度判官公事、鄞县知县。舒州通判、江南东路刑狱。

在他进入仕途为地方官吏时，能够关心民生疾苦，多次上书建议兴利除弊，减轻人民负担。

王安石为人正直，执法严明，为百姓做了不少有益的事。组织民工修堤堰，挖陂塘，改善农田水利灌溉，便利交通。在青黄不接时，将官库中的储粮低息贷给农户，解决百姓度荒困难。

1058年冬，王安石改任三司度支判官，奏《上仁宗皇帝言事书》，

系统地提出了变法主
张，法度必须改革，
以求其能"合于当世
之变"，要求改变北
宋"积贫积弱"的局
面，抑制大官僚、大
地主的兼并和特权，
推行富国强兵政策。

王安石认为变法

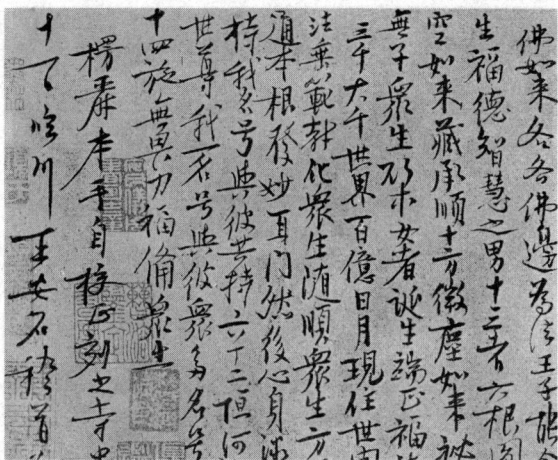

■ 王安石的行书

的先决条件是培养人才，因此，王安石改革科举制
度，改革取士。他主张废明经，设明法科。进士科不
考诗赋考时务策，整顿太学，唯才是举，培养经世致
用的人才。

不久，朝廷任命王安石入直集贤院，同修起居
注，他不愿任此闲职，固辞不就，遂改任知制诰，替
皇帝起草诏令文告，纠察在京刑狱，因种种原因而难
以在朝为官，于1063年以母病为由辞官回江宁守丧。

英宗即位后，屡召王安石赴京，他均以服母丧和
有病为由，恳辞入朝。

1067年宋神宗继位，起用王安石为江宁知府，旋
即诏为翰林学士兼侍讲。

第二年，神宗召王安石"越次入对"，王安石即
上书主张变法。

又过了一年，王安石出任参知政事，主持变法。
为指导变法的实施，设立制置三司条例司，物色了一
批拥护变法的官员参与制订新法。

太学 我国古代
的一种大学，始
设于汉代。上古
的大学，称为成
均、上庠。夏商
周时，大学在夏
为东序，在殷为
右学，在周有东
胶，而周朝又曾
设五大学：东为
东序，西为瞽
宗，南为成均，
北为上庠，中为
辟雍。到了汉
代，在京师设
太学，为中央官
学、最高学府。

■ 王安石画像

1070年，王安石任同中书门下平章事，位同宰相，在全国范围内推行新法，开始大规模的改革变法运动。所行新法在财政方面有均输法、青苗法、市易法、免役法、方田均税法、农田水利法；在军事方面有置将法、保甲法、保马法等。

同时，改革科举制度，为推行新法培育人才。这些措施在一定程度上限制了大地主和豪商对农民的压迫，促进了农田水利事业的发展，国家财政状况有所改善，军事力量也得到加强。

王安石大胆地提出了"天变不足畏、祖宗不足法、人言不足恤"的振聋发聩的政治思想，王安石积极倡导和推行政治、经济、军事、文化变革。

王安石两度为相，发动和领导了举世闻名的"熙宁变法"运动。这场变法，以发展生产，富国强兵，挽救宋朝政治危机，以"理财"、"整军"为中心，涉及社会、经济、政治、军事、文化各个方面，是我国古代史上继商鞅变法之后又一次规模巨大、威武雄壮的社会变革运动。

王安石不仅是一位杰出的政治家和思想家，同

科举制度 是历代封建王朝通过考试选拔官吏的一种制度。由于采用分科取士的办法，所以叫作科举。科举制从607年开始实行，到1905年举行最后一科进士考试为止，经历了1300多年。

时也是一位卓越的文学家。他为了实现自己的政治理想，把文学创作和政治活动密切地联系起来，强调文学的作用首先在于为社会服务，强调文章的现实功能和社会效果，主张文道合一。

王安石的散文大致贯彻了他的文学主张，所作多为有关政令教化、适于世用之文。他反对空泛的靡弱文风，他认为：

> 所谓文者，务为有补于世而已矣。所谓辞者，犹器之有刻镂绘画也。诚使巧且华，不必适用；诚使适用，亦不必巧且华。要之以适用为本，以刻镂绘画为之容也。

正因为安石以"务为有补于世"的"适用"观点视为文学创作的根本，他的作品多具有较浓厚的政治

■ 王安石会友场景

色彩。流传下来的有《临川集》《临川集拾遗》《临川先生歌曲》《临川先生文集》等。著名的如《伤仲永》，极有教育意义。

王安石的散文雄健简练、奇崛峭拔，大都是书、表、记、序等体式的论说文，阐述政治见解与主张，为变法革新服务。这些文章针对时政或社会问题，观点鲜明，分析深刻，长篇则横铺而不力单，短篇则纡折而不味薄。

王安石的政论文在唐宋八大家中是突出的，他驾驭语言的能力非常强，其言简练明快，却无害于笔力雄健。其文以折为峭而浑灏流转，词简而意无不到。

王安石的政论文，不论长篇还是短制，结构都很谨严，主意超卓，说理透彻，语言朴素精练，"只用一二语，便可扫却他人数大段"，具有较强的概括性与逻辑力量。这时推动变法和巩固北宋诗文革新运动的成果起了积极的作用。

王安石的小品文，脍炙人口，《鲧说》《读孟尝君传》《书刺客传后》《伤仲永》等，评价人物，笔力劲健，文风峭刻，富有感情色彩，给人以显豁的新鲜感。

王安石还有一部分

王安石变法简表

项 目	内 容
均输法	设发运使总管东南六路赋税收入，掌握供需情况，"徙贵就贱，用近易远"，"从便变易蓄买"，以节省购物钱钞和运输费用，减轻民众负担。
青苗法	每年正月、五月，缺钱粮的农户自愿向官府借贷，收成后加息还官。限制高利贷的盘剥。
农田水利法	鼓励各地开垦废田，兴修水利，由受益民户按户等高下出资，如民力不足，可向官府借贷。
募役法（免役法）	免除民户按户等轮流到官府服役的办法，让民户按户等出"免役钱"或"助役钱"，由官府雇人担任差役。
市易法	市场上不易销售的货物，官府先按定价收买，缺货时，再加价售出。限制富商大贾挫纵市价，同时增加政府收入。
免行法	各行商铺依获利的多少，向市务交纳免行钱，不再轮流以实物或人力供应官府。
方田均税法	重新丈量土地，按土地好坏规定税额，纠正"隐产漏税"或"产去税存"的现象，增加官府收入。
将兵法	精简军队，压缩编制，选择有才能、经验的武官专掌训练，提高军队战斗力。
保甲法	每十户组成一保，五保为一大保，十大保为一都保。一户有两丁以上，要出一人为保丁，按时操练，维持治安，战时可代替军队。
保马法	为解决军马缺乏，民户可自愿养马，由政府拨给官马或给钱自购，每户一匹，最多两匹，养马户可减免部分税收。

■ 褒禅山

山水游记散文：《城陂院兴造记》，简洁明快而省力，酷似柳宗元；《游褒禅山记》，亦记游，亦说理，二者结合得紧密自然，用自己游山洞的简单经历说明了大道理：

> 夫夷以近，则游者众；险以远，则至者少。而世之奇伟瑰怪非常之观，常在于险远，而人之所罕至焉。

阅读链接

从文学角度总观王安石的作品，无论诗、文、词都有杰出的成就。

北宋中期开展的诗文革新运动，在他手中得到了有力推动，对扫除宋初风靡一时的浮华余风做出了贡献。但是，王安石的文学主张，却过于强调"实用"，对艺术形式的作用往往估计不足。

他的不少诗文，又常常表现得议论说理成分过重，瘦硬而缺少形象性和韵味。还有一些诗篇，虽然论禅说佛理，晦涩干枯，但也不失大家风范，是我国诗歌史上的一颗明星。

千古文章赞醉翁欧阳修

■欧阳修画像

欧阳修，字永叔，号醉翁，晚号"六一居士"，北宋吉州永丰人，因吉州原属庐陵郡，喜欢以"庐陵欧阳修"自居。卓越的政治家、文学家、史学家，"唐宋八大家"之一；后人又将其与韩愈、柳宗元和苏轼合称"千古文章四大家"。

欧阳修在其父欧阳观任绵州推官时出生于四川绵州，4岁丧父，随叔父欧阳晔在湖北随州长大，幼年家贫无资，母亲郑氏用芦苇在沙地上写字、画画，还教他识字。

欧阳修自幼喜爱读书，常从城南李家借书抄读，他天资聪颖，又刻苦勤奋，往往书不待抄完，已能成诵；少年习作诗赋文章，文笔老练，有如成人。

其叔欧阳晔由此看到了家族振兴的希望，便对欧阳修的母亲说："嫂无以家贫子幼为念，此奇儿也！不唯起家以大吾门，他日必名重当世。"

欧阳修10岁时，从李家得唐《昌黎先生文集》六卷，甚爱其文，手不释卷，这为日后北宋诗文革新运动播下了种子。

■ 醉翁亭里的欧阳修雕像

1030年，欧阳修考中进士。次年任西京洛阳留守推官，与梅尧臣、尹洙结为至交，互相切磋诗文。1034年，欧阳修被召试学士院，授任宣德郎，充馆阁校勘。范仲淹因上书批评时政被贬饶州时，欧阳修为他辩护，也被贬为夷陵县令。

这时，欧阳修亲睹"洛阳之俗，大抵好花，春时，城中无贵贱皆插花，虽负担者亦然。花开时，士庶竞为邀游"，于是遍访民间，将洛阳牡丹的栽培历史、种植技术、品种、花期以及赏花习俗等作了详尽的考察和总结，撰写了《洛阳牡丹记》一书，包括《花品序》《花释名》《风俗记》三篇。书中列举牡丹品种24种，是历史上第一部具有重要学术价值的牡丹

韩愈 字退之，自谓郡望昌黎，世称韩昌黎。晚年任吏部侍郎，又称韩吏部，谥号"文"，又称韩文公。唐朝文学家、思想家、政治家。唐代古文运动的倡导者，明人推他为唐宋八大家之首，与柳宗元并称"韩柳"，有"文章巨公"和"百代文宗"之名。

■ 欧阳修的《丰乐亭记》

范仲淹 字希文，北宋著名的政治家、思想家、军事家、文学家、教育家，世称"范文正公"。仁宗时，担任右司谏。1038年，在西夏李元昊的叛乱中，与韩琦共同担任陕西经略安抚招讨副使，采取"屯田久守"方针，协助夏竦平定叛乱。1043年，和富弼、韩琦等人参与"庆历新政"。提出了"明黜陟、抑侥幸、精贡举"等十项改革建议。

专著。

1040年，欧阳修被召回京，复任馆阁校勘，后知谏院。三年后范仲淹、韩琦、富弼等人推行"庆历新政"，欧阳修参与革新，提出了改革吏治、军事、贡举法等主张。当范、韩、富等相继被贬时，欧阳修也被贬为滁州太守。

欧阳修的名篇《醉翁亭记》就是他被贬至滁州时所作。在美丽的山水之间，有一座醉翁亭。当时欧阳修常与朋友到亭中游玩，"饮酒少辄醉，而年又最高，故自号曰醉翁也"。事业上的不如意，欧阳修只有用饮酒来排解心中的郁闷，所以自号"醉翁"。

欧阳修在滁州时，除了开发幽谷泉，兴建丰乐亭及醉翁亭以外，还进行了其他一些建设，如在丰乐亭景区建设了醒心亭，特请曾巩作《醒心亭记》；在丰乐亭附近辟建练兵场，作训练民兵之用，以保卫地方；又维修损毁严重的滁城，使滁州之城更加坚固和壮观。

欧阳修在滁州，对于政事实行的是"宽简"政策。所谓宽简，顾名思义就是宽容和简化，办事遵循人情事理，不求博取声誉，只要把事情办好就行了。这是他一生为政的风格。

欧阳修在滁州计约两年零四个月的时间。时间虽然不长，却给滁州留下了极其深远的影响。他给滁州留下了许多建设遗迹，留下了一些不朽的诗文，留下了与滁州人的深厚感情。

诗文中，直接写滁州的，除了著名的《丰乐亭记》《醉翁亭记》《菱溪石记》以外，还有大量的诗篇及短文。仅描写琅琊山自然景色的诗，不完全统计就有30多首，如《永阳大雪》《题滁州醉翁亭》《琅琊山六题》等。

以后，欧阳修又知扬州、颖州、应天府。1054年，奉诏入京，与宋祁同修《新唐书》。1057年，又以翰林学士身份主持进士考试，提倡平实的文风，录取了苏轼、苏辙、曾巩等人。这对北宋文风的转变很有影响。

1060年，欧阳修拜枢密副使。次年任参知政事。以后，又相继任

■ 醉翁亭

致仕 指古代官员正常退休时的说法，古人还常用致事、致政、休致等，盖指官员辞职归家。源于周代，汉以后形成制度。一般致仕的年龄为七十岁，有疾患则提前。官员以何官称致仕，致仕后的俸禄数目及是否朝见等待遇，与其原官品、功绩及皇帝的恩宠程度有关。

■ 欧阳修蜡像

刑部尚书、兵部尚书等职。后来上表请求外任，不准。此后两三年间，多次辞职，都未允准。

1070年，欧阳修除检校太保宣徽南院使等职，坚持不受，改知蔡州。这一年，他改号"六一居士"。

"六一"指的是"吾家藏书一万卷，集录三代以来金石遗文一千卷，有琴一张，有棋一局，而常置酒一壶。"、"以吾一翁，老于此五物之间，是岂不为六一乎？"以上共有6个"一"。

1071年，欧阳修行兵部尚书、上柱国、乐安郡开国公、食邑四千三百户、食实封一千二百户，特授太子少师致仕，居颍州。

1072年，欧阳修卒于颍州，谥文忠。

欧阳修是北宋文坛的领袖、宋代散文的奠基人。欧阳修在文学创作上的成就，以散文为最高。苏轼评其文时说："论大道似韩愈，论本似陆贽，纪事似司

■ 欧阳修纪念馆

马迁，诗赋似李白"。

但欧阳修虽素慕韩文的深厚雄博，汪洋恣肆，但并不亦步亦趋。不论是讽世刺政，还是悼亡忆旧，乃至登临游览之作，无不充分体现出他那种从容宽厚、真率自然的艺术个性。

欧阳修还开了宋代笔记文创作的先声。他的笔记文章不拘一格，写得生动活泼，富有情趣，并常能描摹细节，刻画人物。其中，《归田录》记述了朝廷遗事、职官制度、社会风习和士大夫的趣事轶闻，介绍自己的写作经验，都很有价值。

欧阳修在诗歌创作方面也卓有成就。他的诗在艺术上主要受韩愈影响。《菱溪大石》《石篆》《紫石屏歌》等作品，模仿韩愈想象奇特的诗风；其他一部分诗作沉郁顿挫，笔墨淋漓，将叙事、议论、抒情结为一体，风格接近杜甫；另一部分作品雄奇变幻，气势豪放，却近于李白。

在内容上，他的诗有一部分反映劳动人民的疾苦，具有一定的社会意义。例如《答杨子静祈雨长句》《食糟民》等。不过，他写这些诗的目的是很明白的，如"因吟君赠广其说，为我持之告采诗"，为的是规劝统治阶级修明政治，维护封建秩序。

而更多的是写景抒情作品，或清新秀丽，或平淡有味，多抒发诗人的生活感受。如《黄溪夜泊》中的"万树苍烟三峡暗，满川明月一猿哀"，《春日西湖寄谢法曹歌》中的"雪消门外千山绿，花发江边二月晴"，《画眉鸟》"百啭千声随意移，山花红紫树高低；始知锁向金笼听，不及林间自在啼"等。

欧阳修不仅善于作诗，且时有新见，他提出诗"穷者而后工"的论点，发展了杜甫、白居易的诗歌理论，为宋诗的发展指明了方向，对当时和后世的诗歌创作产生了很大的影响。

欧阳修还在宋初的词坛上占了一席重要的位置。他创作了很多词，内容大都与"花间"相近，主要内容仍是恋情相思、离情别绪、酣饮醉歌、惜春赏花之

■ 欧阳修公祠

类，并善于以清新疏淡的笔触写景。

由于作者对事物体察入微，看似随意写出，却是无限传神，没有炉火纯青的工夫，是不能达到这种艺术境界的。

此外，欧阳修还打破了赋体的严格的格律形式，写了一些文赋，他的著名的《秋声赋》运用各种比喻，把无形的秋声描摹得非常生动形象，使人仿佛可闻。这篇赋变唐代以来的"律体"为"散体"，对于赋的发展具有开拓意义，与苏轼的《赤壁赋》相媲美，千载传诵。

欧阳修一生著述繁富，成绩斐然。除文学外，经学研究《春秋》，能不拘守前人之说，有独到见解；金石学为开辟之功，编辑和整理了周代至隋唐的金石器物、铭文碑刻上千，并撰写成《集古录跋尾》10卷400多篇，简称《集古录》，是最早的金石学著作。

欧阳修的史学成就尤伟，除了亲自参加修订《新唐书》250卷外，又自撰《五代史记》即《新五代史》，总结五代的历史经验，意在引为鉴戒。

欧阳修书法亦著称于世，其书法受颜真卿影响较深。朱熹说："欧阳公作字如其为人，外若优游，中实刚劲"。

阅读链接

欧阳修在我国文学史上有重要的地位。他大力倡导诗文革新运动，改革了唐末到宋初的形式主义文风和诗风，取得了显著成绩。由于他在政治上的地位和散文创作上的巨大成就，使他在宋代的地位有似于唐代的韩愈，"天下翕然师尊之"。

他荐拔和指导了王安石、曾巩、苏洵、苏轼、苏辙等散文家，对他们的散文创作产生过很大的影响。其中，苏轼最出色地继承和发展了他所开创的一代文风。

宋以后很多文人学者都很称赞他的散文的平易风格。他的文风，还一直影响到元、明、清各代。

珠玉小山两相宜的晏氏父子

晏殊画像

我国词史上名家如林，但是父子并称而又足以影响一代风气的词人只有两对，这就是南唐的李璟、李煜和北宋的晏殊、晏几道。晏氏父子因其相映生辉的艺术成就而被词话家们合称为二晏，或大小晏。

晏殊，字同叔。因他死后谥为元献，所以后人又称之为晏元献，生于991年，抚州临川人。

晏殊的先世并不显达。晏殊之父晏固只是抚州衙门的一个小吏。晏殊7岁知学问，能文章，被乡里誉为神童。13岁时，适逢尚书工部侍郎李虚已知洪州即江西南昌，一见奇之，将自己的女儿许与他为妻。

李虚己喜作诗，精于格律，曾以诗法授晏殊。在这种奖掖和教育下，晏殊迅速成长起来。

1004年，晏殊14岁时，江南地区大旱，朝廷派张知白安抚江西。秋后，张知白访得晏殊之名，遂以神童荐之于朝。次年三月，真宗召见晏殊，命他与进士1000多人并试于廷中。

他毫无畏惧，援笔一挥而就。真宗大为嘉赏，特赐同进士出身，擢为秘书省正字。尚未成年的晏殊就这样跻身朝堂了。

从此之后，晏殊在仕途上稳步升迁。他23岁丧父，24岁丧母，本该去官守丧，但两次都被"夺服起之"，可见朝廷对这位才士十分珍视。

在仁宗朝，晏殊很快地跃居政府中枢和宰辅之位。他虽然禀性"刚峻简率"，但这似乎对其前程影响不大。他35岁自翰林学士礼部侍郎迁枢密副使，41岁为三司使，42岁为参知政事，50岁加检校太尉枢密

■《宋词》书籍

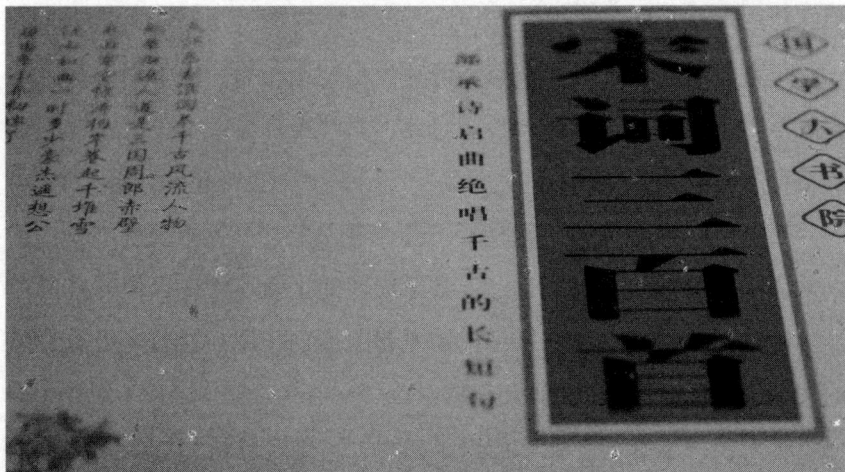

■古代学堂情景画

使，52岁自枢密使加同平章事，相当于宰相。

晏殊53岁加集贤殿大学士，并兼枢密使。青云平步，成为一代名相。其间虽曾短期出镇宋、亳、陈等州，但都是"近畿名藩"，属于照顾。

晏殊54岁才罢相出知颍州，后又移陈州、许州，60岁时知永兴军，后移知河南，兼西京留守，封临淄公。最后以病归汴京，1055年去世，享年65岁。

晏殊平生好兴办学校，吸引贤能之士，如范仲淹、韩琦、富弼、欧阳修等都出自门下，王安石也受过其奖掖。所从游者多文学之士，其"门下客及官属解声韵者悉与酬唱"。

晏殊在知应天府期间，他极重视书院的发展，大力扶持应天府书院，力邀范仲淹到书院讲学，培养了大批人才。该书院与白鹿洞、石鼓、岳麓合称宋初四大书院。这是自五代以来，学校屡遭禁废后，由晏殊开创大办教育之先河。

在宰相任上时，晏殊又与枢密副使范仲淹一起，倡导州、县立学和改革教学内容，官学设教授。自此，京师至郡县，都设有官学。这就是有名的"庆历兴学"。

晏殊官高俸厚之后，养成了"喜宾客，未尝一日不宴饮"和"日以饮酒赋诗为乐，佳时胜日，未尝辄废"的生活习性。以他的地位和才华，这些活动对形成北宋一代词风起了推动作用。这些经历也给他的文学创作打下了深深的印记。

时人曾称晏殊为"北宋倚声家初祖"，他与欧阳修二人上承唐五代余绪，下启一代词风，的确是拉开了宋词发展序幕的先驱者。

晏殊工诗善文，生平著述颇丰，文集达240卷之多，存世的作品以词为多，也以词的成就最大。其《珠玉词》具有一定的艺术个性和时代特征，是宋初一部珠圆玉润的典范性词集。

晏殊的词真挚而自然地反映了属于他太平宰相身份的特定的生活情趣，特定的欢乐和悲哀。他专攻小令，利用这种抒情短章写出了自己那个天地中的生活感受。除了部分祝寿和应酬之作外，他的许多篇章都显得情景相融，笔触清婉，风格遒进，含蓄蕴藉。

晏殊在抒发自己特有的情感时，精于造句炼语，善于捕捉刹那间的生活感受，体察入微，充分地表达自己的心理。他的代表作之一《浣溪沙》，就是这方面最好的例子。

晏殊自己富贵大半生，但他的幼子晏几道却因落魄的身世、悲愤的感情而在词的造诣上超过了其父。

晏几道，字叔原，号小山，是晏殊的第七子，大约生于1030年。

晏几道童年时正是晏氏家族显赫的时期，父亲高居相位，5个哥哥也先后步入仕

053

文风传承

赣鄱风骨

■《浣溪沙》行书

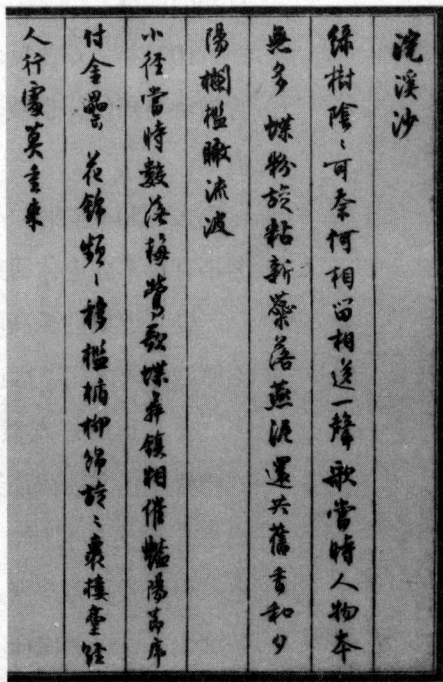

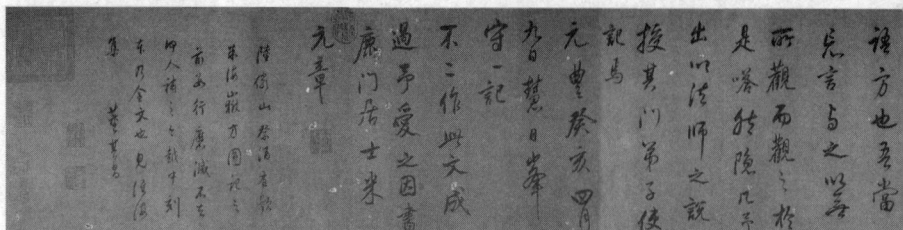

形胜之区

江西文化特色与形态

大理寺 官署名，掌刑狱案件审理。秦汉为廷尉，北齐为大理寺，历代因之，清为大理院。大理之意：古谓掌刑曰士，又曰理。汉景帝加大字，取天官贵人之牢曰大理之义。大理寺所断之案，须报刑部审批。

途。他不知人世艰辛为何物，养就了一副天真烂漫的脾性。

晏几道也是才华早露，大约十五六岁时，就受到宋仁宗赏识。有一次，开封府与大理寺同日奏狱空，仁宗于宫中宴乐，宣晏几道作词，他填《鹧鸪天》献上，大得仁宗欢心。

晏几道二十几岁时，父亲去世，家道中落。从此他遭遇坎坷，不但终生仕宦不得意，而且还受到种种意外的磨难。

1074年，郑侠反对王安石新法被治罪，晏几道因曾赠诗与郑侠，也被牵连下狱，出狱后生活境遇每况愈下。

大约50来岁时，晏几道才当了监颖昌府许田镇一名小官。不久退休回京，栖身于父亲残留的旧宅。

晏几道禀性孤高耿介，与世不合。虽家财散尽，不愿践贵人之门，因此他晚年凄凉。

晏几道的好友黄庭坚在《小山词序》中说他有"四痴"："仕宦连蹇，而不能一傍贵人之门，是一痴也；论文自有体，不肯一作新进士语，此又一痴也；费资千百万，家人寒饥，而面有孺子之色，此又一痴也；人百负之而不恨，己信人，终不疑其欺己，

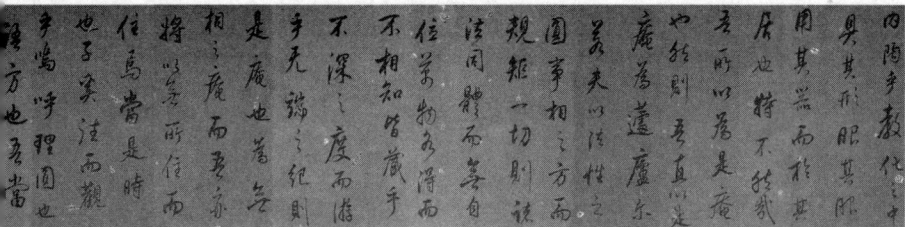

此又一痴也。"由此可见其为人。

晏几道的孤标傲世、洁身自好之性，似乎越到晚年越强烈。他只愿任情适性，我行我素。

此外他还有藏书之癖，每有迁徙，不管家有多穷，定要将书搬完。其妻非常厌烦，骂他"有类乞儿搬漆椀"，他只得作诗解嘲。

晏几道就这样在清贫中自得其乐，享年近80岁，是一个老寿词人。他最著名是一部《小山词》，有词250多首。与同时期大多数词人竞作长调慢词不同，他喜欢的是小令，用这种精炼短小变化多端的形式来抒发自己的感情，成为宋词中以小令见长的高手。

开封府 为北宋时期天下首府，威名驰誉天下。五代时期，后梁太祖于907年以汴州为都城，号称东都。汴州升为开封府。后唐庄宗于923年迁都洛阳，改开封府为汴州。938年，仍以开封为都，称东京，洛阳称西京。汴州复升为开封府。

阅读链接

在形式的运用和造句炼语等方面，晏几道深受父亲影响，因而前人说小山词有大晏风，是从《珠玉词》化出。但实际上小晏与大晏成就不同，体貌各异。

他是"古之伤心人"，由于生活经历与大晏迥异，因此其词基调凄婉低回，感情哀伤浓郁，其艺术境界非大晏所能比拟。他的词风更近于李后主，充满对往事的深切追恋，情感虽不及后者哀痛，婉曲幽峭处或有过之。

江西诗派开山祖黄庭坚

　　黄庭坚，字鲁直，自号山谷道人，晚号涪翁，又称豫章黄先生，北宋洪州分宁人。我国著名诗人、词人、书法家，为盛极一时的江西诗派开山之祖，而且，他跟杜甫、陈师道和陈与义素有"一祖三宗"之称。

　　黄庭坚生于1045年，自幼纵览六艺，博学多闻，是个多才多艺的奇童，少年时便享有盛名。7岁那年，他写了一首《牧童诗》：

■黄庭坚画像

骑牛远远过前村，
吹笛风斜隔岸闻。
多少长安名利客，
机关用尽不如君。

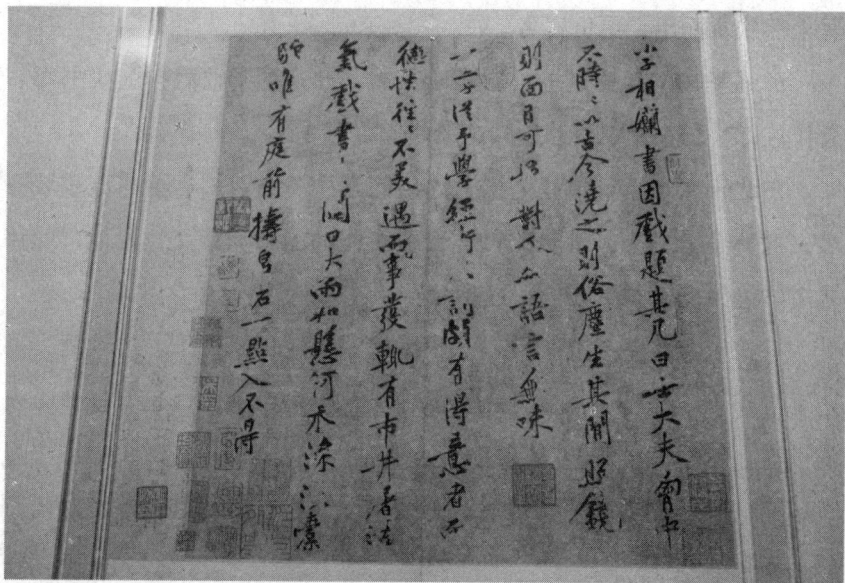

■ 黄庭坚书法

黄庭坚的舅父名叫李常，知识渊博，能诗善文。有一天，李常来到黄庭坚家，见黄庭坚正伏案攻读，便想试一试外甥的才学。

进书房时，李常见院内有一棵桑树，便发挥丰富的想象与联想，以桑、蚕、茧、丝、锦缎之间的关系为题，吟出上联道："桑养蚕，蚕结茧，茧抽丝，丝织锦绣。"

见舅父又来考试，黄庭坚非常高兴。因为他知道这样可以促进自己更刻苦地学习，增长才智和知识。由于心情愉快，黄庭坚的才思益发敏捷。

他从手中握的那支毛笔得到启发，立即答对出下联："草藏兔，兔生毫，毫扎笔，笔写文章。"

李常见外甥小小年纪便能对出这样难度较大的联句，高兴的心情自不必说，从此对黄庭坚更加器重、爱护，着意精心栽培，使之进步更快。几年后，黄庭

陈师道 北宋官员、诗人。字履常，一字无己，号后山居士，一生安贫乐道，闭门苦吟，有"闭门觅句陈无己"之称。陈师道为苏门六君子之一，江西诗派重要作家。亦能词，其词风格与诗相近，以拗峭惊警见长。著有《后山先生集》，词有《后山词》。

坚果然脱颖而出，更负盛名。

黄庭坚1067年中进士。历官叶县尉、北京国子监教授、校书郎、著作佐郎、秘书丞、涪州别驾、黔州安置等。

在北宋文坛上，黄庭坚居"苏门四学士"之首，后更与苏东坡齐名，世称"苏黄"。苏轼非常称赞黄庭坚的品行和诗文，说他"瑰伟之文妙绝当世，孝友之行追配古人"。

一天，黄庭坚和苏东坡在徐州城南湖边一棵松树下一边饮酒，一边下围棋。棋正下到要紧处，不料一颗松子被风吹落，正好掉在二人的棋盘上。

苏轼手拈松子，道："我有一上联，如你在三着棋内不能对出下联，当罚酒三杯。"

黄庭坚望着苏轼那飘飞的长髯，笑道："先生有此雅兴，我当奉陪。若对不出，甘愿受罚。"

苏轼笑吟道："松下围棋，松子每随棋子落。"

黄庭坚举一枚棋子在手，抬头看见湖边柳丝下，有人垂钓，心中已得下联，却故作难色。

苏轼信以为真，笑盈盈地斟了一杯酒，要罚黄庭坚。黄庭坚却以手按住苏轼持酒杯的手臂，对道："柳边垂钓，柳丝常伴钓丝悬。"

形胜之区

江西文化特色与形态

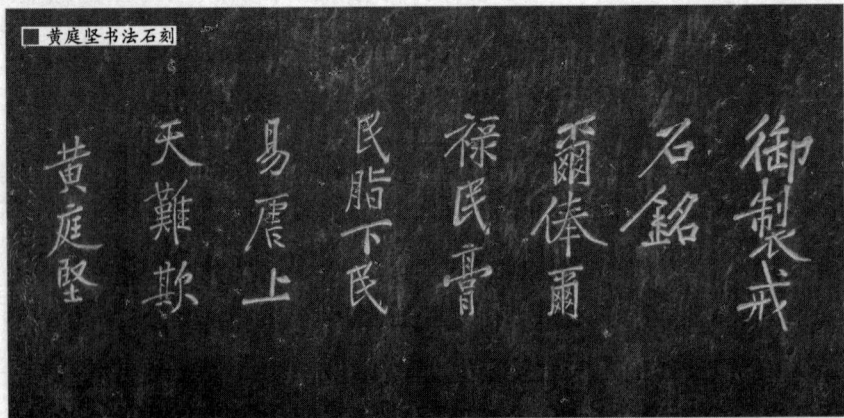

■ 黄庭坚书法石刻

黄庭坚诗风奇崛瘦硬，力摈轻俗之习，开一代风气。他亲自开创的"江西诗派"，在宋代影响很大。

当时，西昆诗人讲究声律、对偶、辞藻，黄庭坚为了在艺术上摆脱西昆诗人的影响，从立意、用事、琢句、谋篇等方面作些新的探索，摆脱了西昆体的形式主义，又走上了新的形式主义道路，这就是从北宋后期逐渐形成的江西诗派的开始。

■ 黄庭坚塑像

这一派诗人并不都是江西人，只因黄庭坚在这派诗人里影响特别大，所以有此称呼。

黄庭坚根据前人的诗意，加以变化形容，企图推陈出新。他称这种做法是"脱胎换骨"，是"以俗为雅，以故为新"，是"以腐朽为神奇"。比如黄庭坚《次韵王炳之惠玉版纸》诗："王侯须若缘坡竹，哦诗清风起空谷。"进一步用空谷的清风形容王炳之那闻声不见嘴的大胡子，就有了新的意思。

这些运用书本材料的手法，实际是总结了杜甫、韩愈以来诗人在这方面的经验的。他同一般低能文人的慕拟、剽窃不同之处，是在材料的选择上避免熟

西昆体 宋初诗坛上声势最盛的一个诗歌流派，它是以《西昆酬唱集》而得名的，其诗人中成就较高的有杨亿、刘筠、钱惟演。它是晚唐五代诗风的延续，大多师法李商隐诗的雕润密丽、音调铿锵，呈现出整饰、典丽的艺术特征。

滥，喜欢在佛经、语录、小说等杂书里找一些冷僻的典故，稀见的字面。他还在材料的运用上力求变化出奇，避免生吞活剥。

为了同西昆诗人立异，黄庭坚还有意造拗句，押险韵，作硬语，连向来诗人讲究声律谐协和词彩鲜明等有成效的艺术手法也抛弃了。

同时，作为一个开创诗流派的艺术大匠，黄庭坚受到真情实境的激发时，一定程度上摆脱了刻意好奇的习气时，依然能够写出一些清新流畅的诗篇。

黄庭坚还擅长书法，善行书和草书，取法颜真卿、怀素等书法名家，用笔纵横奇倔，自成一格，与苏轼、米芾、蔡襄齐名，世称"宋四家"。

宋哲宗即位时召黄庭坚为校书郎、《神宗实录》检讨官。后擢起居舍人。绍圣初，因故被贬涪州别驾，安置黔州等地。1105年去世于宜州。

阅读链接

黄庭坚的书法，小字行书以《婴香方》《王长者墓志稿》《泸南诗老史翊正墓志稿》等为代表，书法圆润流畅，沉静典雅。

大字行书有《苏轼黄州寒食诗卷跋》《伏波神祠字卷》《松风阁诗》等，都是笔画遒劲郁拔，而神闲意秾，表现出黄书的特色。

草书有《李白忆旧游诗卷》《诸上座帖》等，结字雄放瑰奇，笔势飘动隽逸，在继承怀素一派草书中，表现出黄书的独特面貌。此外黄庭坚的书法还有《伯夷叔齐墓碑》《狄梁公碑》《游青原山诗》《龙王庙记》《题中兴颂后》《咏水仙》等。

开创陆王心学的陆九渊

陆九渊，号象山，字子静，书斋名"存"，世人称存斋先生，因其曾在贵溪龙虎山建茅舍聚徒讲学，因其山形如象，自号象山翁，世称象山先生、陆象山。南宋江西抚州市金溪县陆坊青田村人。

陆九渊在"金溪三陆"中最负盛名，是著名的理学家和教育家，与当时著名的理学家朱熹齐名，史称"朱陆"。是宋明两代"心学"的开山

■ 陆九渊画像

《论语》 儒家的经典著作之一，由孔子的弟子及其再传弟子编撰而成。它以语录体和对话文体为主，记录了孔子及其弟子言行，集中体现了孔子的政治主张、伦理思想、道德观念及教育原则等。与《大学》《中庸》《孟子》《诗经》《尚书》《礼记》《易经》《春秋》并称四书五经。

祖。明代王阳明发展其学说，成为我国哲学史上著名的"陆王学派"，对近代中国理学产生深远影响。被后人称为"陆子"。

陆九渊生于1139年，当时其父因儿子多，打算让乡人收养，长兄陆九思的妻子刚好生有儿子，陆九思即令妻乳九渊，而将自己的儿子给别人奶喂。陆九渊后事兄嫂如事父母。

陆九渊出身于一个九世同居、阖门百口的大家庭。陆家为地方上有名的豪门大族，经过几代变迁，到陆九渊出生时，经济已经衰落，只有10亩左右的菜田和一处药铺、一处塾馆。但至此，陆门已有200多年的历史，仍保有宗族大家的风度。

陆九渊自己也曾这样说："吾家合族而食，每轮差子弟掌库三年。某适当其职，所学大进，这方是'执事敬'。"

生在这样的家庭氛围中，从小耳濡目染，长大成人后亲自管家，这样的生活经历对于陆九渊形成对社会国家的参与意识有很大影响，也许，这就是陆氏兄弟形成"专务践履"之学的学问起点吧。

陆氏家学渊源，陆九渊的八世祖陆希声"论著甚多"，高祖陆有程"博学，于书无所不观"。到陆九渊父亲这一代

■ 陆九渊版画

虽已家业衰落，只靠经营医药和教书授学来维持家计，但仍"以学行为里人所宗，尝采司马氏冠婚丧祭仪行于家"。

■《论语》竹简

陆门家风整肃，闻名州里，甚至受到孝宗皇帝的称赞。陆九渊自幼好学，他的好学不在于博览，而表现在善于思考上。三四岁时，他曾向父亲发问，"天地何所穷际"，父笑而不答，他竟为这个问题费尽思索而至废寝忘食。后来，陆九渊读书孜孜不倦，又常在书中发现问题。例如读《论语·学而》，就对《有子》三章表示怀疑；读二程书，就发现程颐所说的话与孔子、孟子不相类似，甚或有矛盾处。

陆九渊13岁时，有一天对自己少儿时思考的问题忽有所悟。这天，他读古书到宇宙二字，见解者说："四方上下曰宇，往古来今曰宙"，于是忽然省悟道：原来"无穷"便是如此啊，人与天地万物都在无穷之中。于是，陆九渊提笔写下："宇宙内事乃己分内事，己分内事乃宇宙内事。"陆九渊"因宇宙字义，笃志圣学"，就是说他从宇宙两字，悟得人生之道。

陆九渊立志做儒家圣人，而他以为，做圣人道理不用别寻他索，其实就在心中，他说："宇宙便是吾心，吾心即是宇宙。东海有圣人出焉，此心同也，此理同也。西海有圣人出焉，此心同也，此理同

■ 南宋时期的官员画像

知军 宋代官名。"军"是宋代县以上的一个行政区域，一般设在冲要之地，一个军等于一个州或府，直辖于路。军的长官一般由中央派员，称"权知军州事"，简称"知军"。知军实际是宋朝时以朝臣身份任知州，并掌管当地军队。

也。千百世之上至千百世之下，有圣人出焉，此心此理，亦莫不同也。"

对宇宙无穷与对圣人之心广大的顿悟，使陆九渊进入了一种新的人生境界，正如他后来在《语录》中说的：人须是闲时大纲思量：宇宙之间，如此广阔，吾身立于其中，须大做一个人。……天之所以命我者，不殊乎天，须是放教规模广大。

陆九渊的父亲陆贺生有六子，陆九渊排行第六，除他之外，还有四兄陆九韶，五兄陆九龄，都以学闻名于世，号称"三陆子之学"。

1190年，50岁的陆九渊，被任命为荆湖北路荆门知军。次年，，陆九渊千里迢迢从江西到荆门上任。当时，金兵南侵压境，荆门地处南宋边防前线。

陆九渊看见荆门没有城墙，认为这个行政区域位于江汉平原，道路四通八达，南面捍卫江陵，北面支援襄阳，东面守护随州、钟祥，西面扼守宜昌；荆门巩固，四邻才有依靠，不然就会腹背受敌。于是，下决心修筑了城墙。

陆九渊大刀阔斧地改革荆门的税收弊端和不合理的体制以及官场的陈规陋习。为此，外地的商贩纷纷前来荆门做生意，使荆门的税收日增。陆九渊推荐或提拔下属，并不看重资历与出身。他认为，古代录用地方官员，由于不受资历和出身的限制，表现好坏便容易区别，后世斤斤计较资历和出身，有无政绩就不容易判明。

陆九渊清正廉明，秉公执法。有人告状，他不拘早晚，亲自接见受理。断案多以调解为主。如控诉的内容涉及隐私、违背人伦和有伤风化的，就劝说告状人自动撤回上诉，以便维护社会道德风尚的淳厚。只有罪行严重、情节恶劣和屡劝不改的才依律惩治。所以民事诉讼越来越少，到上任第二年，来打官司的每月不过两三起。

陆九渊在象山东坡筑亭，宣讲理学，听众往往多达数百人。荆门原先闭塞的民风和鄙陋习俗显著改变。各级主管部门交相列举陆九渊在荆门的政绩奏报朝廷。益国公、左丞相周必大曾强调，荆门军治理成效突出，可做地方长官"躬行"的榜样。

■ 南宋时期的《松荫论道图》

陆九渊一生的辉煌在于创立学派，从事传道授业活动，受到他教育的学生多达数千人。他以"心即理"为核心，创立"心学"，强调"自作主宰"，宣扬精神的作用。他的学说独树一

朱熹 字元晦，一字仲晦，号晦庵，晚称晦翁、紫阳先生、考亭先生、沧州病叟、云谷老人、逆翁。谥文，又称朱文公。我国南宋著名的理学家、思想家、哲学家、教育家、诗人、儒学闽学派的代表人物，世称朱子，是孔子、孟子以来最杰出的弘扬儒学的大师。

帜，与当时以朱熹为代表的理学相抗衡。

1175年，陆九渊与朱熹在江西上饶的鹅湖寺会晤，研讨治学方式与态度。朱熹主张通过博览群书和对外物的观察来启发内心的知识；陆九渊认为应"先发明人之本心然后使之博览"，所谓"心即是理"，无需在读书穷理方面过多地费工夫。

双方赋诗论辩，两派学术争持不下。这就是历史上著名"鹅湖之会"、"鹅湖大辩论"。

陆九渊还热心于讲学授徒，大力发展教育事业。"每开讲席，学者辐辏，户外履满，耆老扶杖观听"，弟子遍布于江西、浙江两地。

陆九渊在长期的讲学实践中，形成了一套独特的教育思想理论。他认为，教育对人的发展具有存心、

■ 南宋时期的《人物图》

养心、求放心和去蒙蔽、明天理的作用。他非常主张学以致用，其目的是培养具有强烈社会责任感的人才。

在教育内容上，陆九渊把一般知识技能技巧，归纳为道、艺两大部分，主张以道为主，以艺为辅，认为只有通过对道的深入体会，才能达到做一个堂堂正正的人的目的。因此，要求人们在"心"上做功夫，发掘心中良知良能。

■陆九渊画像

1193年初，陆九渊病逝，棺殓时，官员百姓痛哭祭奠，满街满巷充塞着吊唁人群，送葬者多达数千人。他殁后，谥为"文安"。

为纪念陆九渊，后人将荆门蒙山改称象山，在荆门城西象山东麓当年陆九渊受理民事诉讼和讲学的象山书院遗址兴建陆文安公祠，俗称陆夫子祠和陆公祠。

阅读链接

陆九渊一生不注重著书立说，其语录和少量诗文由其子陆持之于1205年汇编成《象山先生集》，共计36卷，并由其学生于1212年刊行。

陆九渊的学生，最著名的是杨简、袁燮、舒璘、傅子云等，其中杨简，进一步发展了其心学。江西抚州是象山学派的重镇，明代陈献章、王守仁进一步发展心学。

陆九渊的思想经后人充实、发挥，成为明清以来的主要哲学思潮，一直影响到近现代中国的思想界。

大明第一才子首辅解缙

解缙，字大绅，明初江西吉水人，明朝内阁首辅、著名学者。与杨慎、徐渭并称"明代三大才子"，也有人称他"大明第一才子"，同时也是对联大师，并担任《永乐大典》总纂修。

■ 解缙画像

1369年，解缙出生在吉水鉴湖的一个书香门第之家。父亲解开，二魁胄监，五知贡举，明初授以官不受，一心从事著述、办学，培养人才；母亲高妙莹，不但贤良淑慧，而且通书史、善小楷、晓音律。

解缙生长在这样的家庭，从小就受到良好的教育。传说他自幼颖敏绝伦，有"神童"之称。其母画地为字，于腿盖中教之，一见不忘。5岁时，父教之书，应口成诵；7岁能述文，赋诗有老成语；10岁，日数诵千言，终身不忘；12岁，尽读《四书》《五经》，贯穿其义理。

解缙7岁那年，李尚书告老还乡，他不信解缙有人们传说的高才，于是宴请几个权臣显贵作诗，派人叫解缙前来应对，想有意当众奚落他一番。

解缙来到李府，只见大门紧闭。家人说主人吩咐要他从小门进入，他站在大门口硬是不走小门。

李尚书闻情走来大声说："小子无才嫌地狭"；解缙即答："大鹏展翅恨天低。"尚书听了大吃一惊：这小子口气倒不小，忙命人打开中门相迎。

刚入席，一权贵便想借题嘲笑他母亲在家做豆腐，父亲挑上街叫卖的贫寒身世，对他说："听说才子能出口成对，今日请你以你父母职业为题如何？"

解缙听了，明知是奚落自己，不慌不忙地吟道："肩挑日月上街卖；手把乾坤日夜磨。"众人听了，无不拍案叫绝。那权贵却鱼骨梗喉似的上下不安。

酒过三巡，尚书欲压服解缙，用手往天上一指，自命得意地说："天作棋盘星作子，谁人敢下？"

解缙听罢，用脚在地上一顿，说："地作琵琶路作弦，哪个能弹！"口气比他还高。尚书奈何不得，

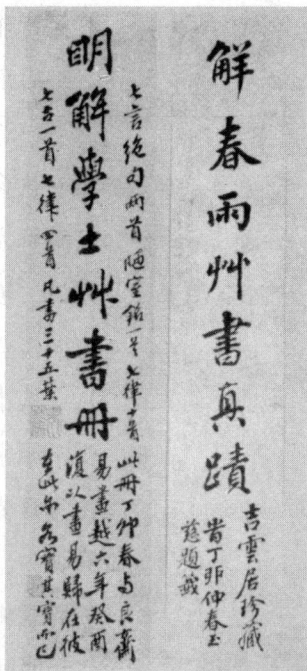

■ 解缙的诗帖

徐渭 初字文清，后改字文长，号天池山人，或署田水月、田丹水，青藤老人、青藤道人、青藤居士、天池渔隐、金垒、金回山人、山阴布衣、白鹇山人、鹅鼻山侬等别号。我国明代文学家、书画家、军事家。民间也普遍流传他的故事传说，关于他年轻时如何聪明，后来如何捉弄官宦等。

解元　原为唐制，举进士者皆由地方解送入试，故后世称乡试第一名为解元。明清科举制度正式科举考试分为童生试、乡试、会试和殿试，乡试为省一级考试，考试合格者为举人，第一名被称为解元。

啼笑皆非。

后来，李尚书还把自己的女儿许配解缙为妻。

1387年，解缙已是一位18岁的翩翩少年，这年他第一次参加江西省乡试，就一举夺得第一名，人称"解解元"。第二年赴京参加会试，列为第七名，经殿试，被录为二甲进士。他的哥哥解纶和妹夫黄金华也同榜登进士。

从小出名的才子解缙，会试怎么被挤到第七名呢？原来，解缙所作文章气势磅礴、文笔犀利，本来主考官要点他为一甲，拟为"状元"人选。但其他考官认为，解缙文章中的言论过于尖锐，怕招惹是非，便有意将解缙往后排，列为第七名。

明朝甫立，朱元璋对首科会试十分关注。因为就在开考前的二月丙寅日夜晚，有一颗大星出现于天空东井壁，颜色赤黄，闪闪有光，朝东北方向行进，渐渐变浊而隐没。朝廷专司观星宿的钦天监进奏说："是为文士效用之占。"

朱元璋十分高兴，他登基以来第一次开科会考取士，就出现这样吉祥的征兆，不禁喜言道："国之昌盛，必有祥瑞！朕必能抡选英才，为国所用。"

朱元璋是一位开国英主，为国选才，不拘一格，殿试前调阅了一二甲策论，见解缙文笔雄健，

■ 解缙的书法作品

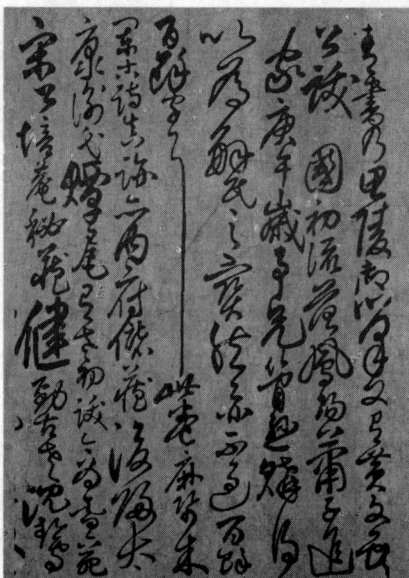

立论新颖，切中时弊，殿试中又见他博学多才、才华出众，欲力排众议钦点其为状元。

但有权臣进言道："首开科甲，为国抡元，当取吉祥以顺民心。解缙字大绅，点为状元，'缙''绅'俱'解'，于国不吉也。"

朱元璋闻言，便忍痛割爱舍去解缙，钦点取名较吉祥的"任亨泰"为状元。

解缙虽然与状元擦肩而过，但解氏家族"兄弟同登第"、"一门三进士"的消息传出，立即轰动了解缙的家乡吉水，也轰动了京城，一时传为盛事。

解缙有治国安邦之才。初入仕时，便深受朱元璋倚重，常侍奉左右。解缙为国考虑，日上万言书，剖切陈词。他建议：政令要稳定，刑罚要简省，要整理经史，制定礼乐，表彰贤士，崇祀先哲，禁绝娼优，易置寺阉，薄赋敛，减德役，焚经咒，绝鬼巫，裁冗员，节流开源，以苏民困。

解缙又指出，朝廷用人当择贤者，授职当最德才；应改革时弊，鼓励农耕，实施授田均田之法，兼行常平义仓之举，免去苛捐杂税，使民休养生息；要尚武以固边防，崇文以延人才；治罪不株连妻子，捶楚不加于属官。

奏疏呈上，太祖连连称赞解缙有安邦济世之奇才，治国平天下之大略。不久，缙又献《太平十策》，再次陈述自己的政治见解，亦得太祖赞许。

1402年至1407年，解缙任内阁首辅，成为大明朝第一位内阁首辅。解缙一生最大的功绩是他亲自主持了《永乐大典》的编纂工作。明成祖即位不久，命解缙编纂《文献大成》，企图把历代文献分门别类地搜集起来，但由于人手少，时间仓促，一年成书。

这部《永乐大典》共有22877卷，凡例、目录60卷，装订成11095册，共3亿7千万字左右，"括宇宙之广大，统会古今之异同。"辑入经、史、子、集、释藏、道经、北剧、南戏、平话、医学、工技、农艺、志乘等各类著作七八千种，按《洪武正韵》的韵目排列次序。这是我国最大的一部类书，也是世界上编纂最早、规模最大、内容最广的百科全书。

阅读链接

解缙不仅在学术上取得了卓越的成就，而且在诗歌、书法、散文等方面也很有成就。他才气横溢，下笔不能自休。尤工五言诗，存诗500余首。

解缙的古体歌行，气势奔放，想象丰富，逼似李白，而律诗绝句，亦近唐人。

解缙又擅长书法，小楷精绝，行草皆佳，用笔之精妙，出人意表。尤善狂草，墨迹有《自书诗卷》《书唐人诗》，明吴宽《匏翁家藏集》称："永乐时，人多能书，当以学士解公为首，下笔圆滑纯熟。"

讲究"贾德"的江右商帮

赣商在历史上被称为"江右商帮"。据明末清初散文家魏禧所著的《日录杂说》记载：

> 江东称江左，江西称江右。盖自江北视之，江东在左，
> 江西在右。

■古代贸易

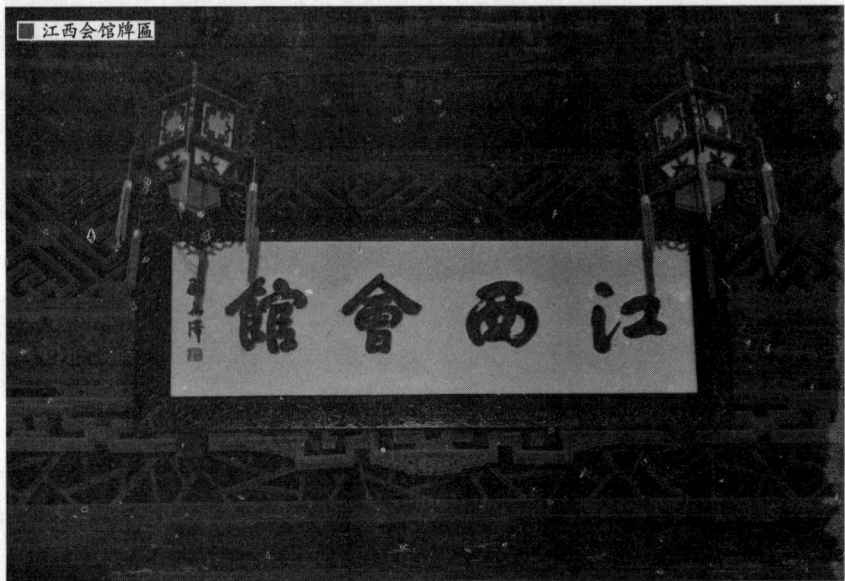
■ 江西会馆牌匾

遂得此名。江右商帮称雄中华工商业900多年，是我国古代实力最强的商帮。

唐代以后，随着全国经济重心的南移，江西成为全国经济重要区域。尤其是五代十国割据时期，危全讽入主抚州数十年，采取了保境安民，劝课农桑，招徕商旅的政策，使农业和手工业得到一定程度的发展，呈现出"既完且富"的繁荣景象。

宋朝时期，经过进一步开发，江西已经成为全国经济文化发展的先进地区。

江右商帮最早兴于北宋时期，当时江西地区人口达446万，占全国总人口的十分之一，位居全国首位。其人口之众，物产之富，江南西路在宋朝经济居全国各路之首，强大的物质基础为江右商帮的兴起奠定坚实的基础。

江西商人讲究"贾德"，注重诚信是江西人做事认真的性格的一个外在反映，也是江西人头脑中我国传统儒家思想的自然流露。

宋末元初，景德镇瓷业迅猛发展，青花瓷烧造的成功使江西在全国瓷业输出独占鳌头。而进贤毛笔、烟花，广昌白莲，南丰蜜橘，临川西瓜，铅山造纸，宜黄夏布等特产均驰名海内外，并为江右商帮带来巨额利润。

江西人走州过府，随收随卖，操业很广。抚州人艾英南不无自豪地说："随阳之雁犹不能至，而吾乡之人都成聚于其所。"吉安人彭华也说："吉安商贾负贩遍天下。"

江右商帮的一个分支抚州商帮，其经营的产品有粮食、陶瓷、布匹、烟草、蓝靛、药材、木材等。如宋代的抚州布商陈泰，生意做得很大，他在各地雇佣了中间人，协助将资金预先贷给金溪、崇仁、乐安以及吉安等地种麻、织布的农民手中，而后再收购他们的布匹产品。

而抚州木材资源十分丰富，商人们就将木材分别从赣江，抚河顺水而下，然后出湖口，入长江，运销

危全讽 唐末五代时江西南城人，与钟传、彭玕、卢光稠、谭全播等人并称江右豪杰。危全讽注重发展教育和宗教事业，使抚州在短短数十年间培育出佛教禅宗几大流派，被称为"天下禅河的中心"。儒学的繁荣引起大量北方人士和文人墨客迁居此地，为宋代抚州人才崛起创造了条件。

■ 江西会馆建筑

■ 江西洛带古镇万寿宫

到南京、扬州、常州及武汉等地。

由此，全国各地江西会馆很多，几乎遍布全国。湖广是江西人徙居的一个重要地区，因距离不远，来往方便，故"豫章之为商者，其言适楚，犹门庭也。"所以在湖广的江右商很多。

云、贵、川也是江右商的汇集区，他们既经商于城市，也商贩于乡村里巷，甚至深入土管辖区，代官府"征输里役"。

还有的江西商人定居于山寨少数民族居住地，久而久之成为当地民族的酋长或首领。

除两湖、两广、西南边陲外，江右商在福建、江浙、河南等地也很活跃，当地市场上的许多货物都来自江西或出自江右商之手。

明成祖迁都北京后，居住在北京的经商、赶考和谋官的江西人很多。当时北京有41所会馆，其中江西会馆就达14所之多，位居第一。

全国各地开中药铺的商人，十有八九来自江西樟树，故有"药不到樟树不齐"、"药不过樟树不灵"之说。

江右商的活动既是明清经济史的重要内容，也对明清时期的江西社会经济和全国经济格局产生了巨大的影响。

江右商内部也因地域关系分了不少商帮，清代的景德镇有"十八省码头"之称，商帮云集，其中较有势力的江西籍商人就有瑞州商人、奉新商人、南昌商人、建昌商人、临江商人、吉安商人、饶州商人、抚州商人、丰城商人、湖口商人和都昌商人。

清代的河口镇富商主要有八帮，其中江西籍商人占了三帮，即抚州商帮、南昌商帮和建昌商帮。

不同地方的商人所经营的主要商品也大不一样，于是便有了临清药帮、河口纸帮、吉安布帮、景德镇瓷帮等。

江右商帮以其人数之众、操业之广、实力和渗透力之强称雄中华工商业，对当时社会经济产生了巨大

■ 江西会馆建筑

■ 湖南江西会馆

万寿宫 为纪念江西的地方保护神、俗称"福主"的许真君而建。许真君,原名许逊,字敬元。他居官清廉,政声极佳,深受百姓爱戴。许逊死后,为了纪念他,当地乡邻和族孙在其故居立起了"许仙祠",南北朝时改名"游帷观",宋真宗赐名并亲笔提"玉隆万寿宫"。

影响,1500多座江西会馆和万寿宫遍布全国。

江西自从两宋以后,由于得天独厚,人杰地灵,成为全国经济文化的先进地区。历元至明,江西继续保持这一经济文化优势。由于地产丰富,盛产粮食、茶叶、陶瓷……缴纳税粮在明孝宗弘治年代直至明神宗万历年间居全国第一。

明代江右商帮的极大兴盛,是精明的江西人在强大的经济基础之上,利用了其良好的地理经济环境。江西明代的移民运动实质上就是一种经济扩张,使江右商帮在以后的几百年称雄中华工商业。

商业繁荣,促进了江西各业的迅速发展,素有"江南粮仓"美名的江西,百业兴旺。

尤其在北京,自元代开始,江西行商的足迹遍及大江南北、幽燕关陕、八闽两广、荆楚川蜀。江西的著名墨工南昌朱万初、清江潘云谷携墨售于京师;贵溪倪文宝、鄱阳童某以制毛笔为业,所制之笔也都远销至京城。

到了明代,在京江右商以瓷器商、茶商、纸商、布商、书商、药材商为多。江西书商中,以抚州人居多。北京紫禁城、圆明园、颐和园等中华古建筑的设计建造者为江西雷氏家族。

据统计,明代各地在北京的会馆大概有41所,其中江西有14所，居各省之首。明代江西在北京的会馆最晚在永乐时就已经出现。

乾隆《浮梁县志》记载："京师会馆二所。在北京正阳门外东河沿街，背南向北；其一在右，明永乐间邑人吏员金宗逊鼎建，曰'浮梁会馆'。"其他还有如始建于嘉靖中期的南城会馆、广丰会馆等。

这些会馆，有相当数量为商人所建或士、商合资共建。清光绪时，北京有会馆387所，江西为51所，占比重虽少于明朝，但仍为各省之最。

江右商人在长期的经营活动中逐渐地形成了自己的活动准则，有一些初看起来是成功商人共同的特点，但是如果仔细分析起来，又可以感觉到这些东西在江右商人身上体现得特别明显。

首先是讲究忠孝。江右商人信仰许逊，对于净明道的忠孝观念，自小就耳濡目染。在经商过程之中，

■云南会泽江西会馆

又受到万寿宫的道德原则约束，因此，言行上比较讲究忠孝。

江右商人黄某，长期在湘西洪江一个桐油号家里做经理，油号老板去世了，其儿子接任，由于没有经验，在某一件事情上与黄某发生分歧，少老板竟动手打了黄某一个耳光，黄某就不去上班了。

这件事情很快在洪江的江右商人中传开，大家批评少老板没有尊重长者，是不孝的行为。不少油号纷纷来请黄某去他们的油号工作，黄某不肯去，也没有把这个油号的商业秘密讲出去、把客户带出去。

最后，少老板登门赔礼道歉，再次请他去上班。黄某才重新回去。可见，洪江的江右商人基本上是按照忠孝的伦理做事和做人的。

同时，江右商比较讲信用。对于江右商人而言，明清以来一直是讲信用的典范，因为江西是一个商业繁荣的地区，江右商有很大一部分人是远在外地做生意，如不讲信用，则难以立脚。

另外，江右商人还有讲究和气生财、讲究白手起家、讲究团结互助、讲究回报家族、家乡等特点。

阅读链接

遍布四方的江右商帮，只要具备了一定的财力，不约而同地要做的第一件事，就是建造万寿宫。这是江右商帮独有的标志。无论是大富还是小康，无论是抱团还是独行，都忘不了江西人祖先的文化偶像"许真君"。

古时江西作为传统儒家文化的大基地，江右商帮自然会受到儒家文化的影响，敬仰那些为民除害、清正廉洁的英雄，而生性聪颖、治病救人、为官清廉的许真君，便受到百姓的爱戴。自明初以来，在各省省会以及京都几乎都建有万寿宫，在全国城乡可说是星罗棋布。

万寿宫是江右商帮的标志，也是江右商帮财富与实力的象征。万寿宫既为旅外乡人开展亲善友好，祭祀活动的场所，又是商人、待仕或者下台文人们议事与暂住的地方，壮观、雄伟的万寿宫建筑显示了江右商帮的辉煌。

赣江拾英

　　江西不仅人文辉煌灿烂，并且为华夏文化之登峰造极起到了极大的推动作用，从而对中华文化的进程做出了无与伦比的贡献。

　　江西景德镇陶瓷的生产与艺术，对我国文化发展，曾有过极为重要的影响，它作为我国文化的象征，传播于全世界。

　　另外还有光泽古朴的宜春脱胎漆器、精致多彩的李渡毛笔与江西竹编、石冠群山的龙尾砚；名品迭出的婺源绿茶等；精英荟萃，各呈风姿。

丹青写意最高峰八大画风

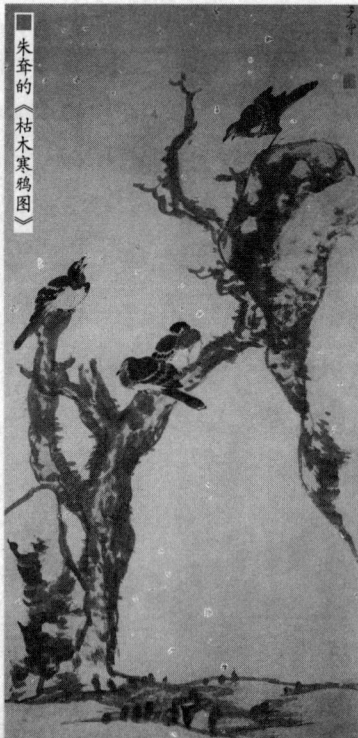

朱耷的《枯木寒鸦图》

八大山人，名朱耷，江西南昌人，为明宁献王朱权九世孙，清初画坛"四僧"之一。明灭亡后，他落发为僧，作品往往以象征手法抒写心意，如画鱼、鸭、鸟等，皆以白眼向天，充满倔强之气。

笔墨特点以放任恣纵见长，苍劲圆秀，清逸横生，不论大幅或小品，都有浑朴酣畅又明朗秀健的风神。章法结构不落俗套，在不完整中求完整。他的画风对后世影响极大。

八大山人擅花鸟、山水，其花鸟承袭陈淳、徐渭写意花鸟画的传统。发展为阔笔大写意画法，其特点是通

过象征寓意的手法，并对所画的花
鸟、鱼虫进行夸张，以其奇特的形
象和简练的造型，使画中形象突
出，主题鲜明，以此来表现自己孤
傲不群、愤世嫉俗的性格，从而创
造了一种前所未有的花鸟造型。

八大山人由于他的特殊身世，
和所处的时代背景，使他的画作不
能像其他画家那样直抒胸臆，而是
通过他那晦涩难解的题画诗和那种
怪怪奇奇的变形画来表现。

例如他所画的鱼和鸟，寥寥数
笔，或拉长身子，或紧缩一团，似是而非。特别是那
对眼睛，有时是个椭圆形，都不是人们生活中所看的
鱼、鸟的眼睛，他的鱼、鸟的眼珠子都能转动。

八大山人画山水，多取自于荒寒萧疏之景，剩山
残水，仰塞之情溢于纸素，可谓"墨点无多泪点多，
山河仍为旧山河"，"想见时人解图画，一峰还写宋
山河"。

而且，八大山人画的山石也不像平常画家画那个
样子，浑浑圆圆，上大下小，头重脚轻，想搁在哪里
就在哪里，也不管它是不是稳当，立不立得住。

他画的树，老干枯枝，仅仅几个杈桠，几片树
叶，在森林中几万棵树也挑不出这样一棵树来。他画
的风景、山、光秃秃的树，东倒西歪，荒荒凉凉。

水墨写意是宋元以来兴起的一种画法。发展到明

■ 朱耷的《山水图》

画坛"四僧"

明末清初，画界
出现在艺术上主
张重视生活感
受，强调抒发情
感，对振兴当时
画坛具有深远影
响的人物，其中
最具代表性的是
时称"四僧"的
四位僧侣画家，
朱耷、石涛、弘
仁、髡残。四人
都是明朝后裔，
都擅长山水画，
却各有风格。

朱耷的《山水通景图》

清时代，出现了许多文人水墨画写意大师，八大山人为其划时代的人物。

在水墨写意画中，又有专擅山水和专擅花鸟之别，八大山人则两者兼而善之。那些山、石、树、草，以及茅亭、房舍等，逸笔草草，看似漫不经心，随手拾掇，而干湿浓淡、疏密虚实、远近高低，笔笔无出法度之外，意境全在法度之中。

这种无法而法的境界，是情感与技巧的高度结合，使艺术创作进入到一个自由王国。

八大山人的画笔墨简朴豪放、苍劲率意、淋漓酣畅，构图疏简、奇险，风格雄奇朴茂。他的山水画初师董其昌，后又上窥黄公望、倪瓒，多作水墨山水，笔墨质朴雄健，意境荒凉寂寥。

同时，八大山人亦长

于书法，擅长书写行书、草书，宗法王羲之、王献之、颜真卿、董其昌等，以秃笔作书，风格流畅秀健。

八大山人的字、号、别名特别多，他原名统，又名朱耷，号八大山人、雪个、个山、个山驴、人屋、良月、道朗等。后做道士，居"青云谱"。

八大山人号，乃是他弃僧还俗后所取，始自59岁，直至80岁去世，以前的字均弃而不用。

■ 朱耷的《水木清华图》局部图

朱耷在画中所书"八大山人"含意深刻，"八大"与"山人"紧联起来，非常像"哭"、"笑"两字，即"类哭之、笑之"作为他那隐痛的寄意，他有诗"无聊笑哭漫流传"之句，以表达故国沦亡、哭笑不得的心情。

阅读链接

八大山人花鸟画最突出特点是"少"，用他的话说是"廉"。少，一是描绘的对象少；二是塑造对象时用笔少。如康熙三十一年所作《花果鸟虫册》，其《涉事》一幅，只画一朵花瓣，总共不过七八笔便成一幅画。

在八大山人那里，每每一条鱼，一只鸟，一只雏鸡，一棵树，一朵花，一个果，甚至一笔不画，只盖一方印章，都可以构成一幅完整的画面，可以说少到不可再少了的程度。

前人所云"惜墨如金"，又说"以少少许胜多多许"，只有八大山人才真正做到了这点，可谓前无古人，后难继者。

名扬天下的景德镇陶瓷

　　自古以来，江西景德镇是中华"瓷器之国"的代表和象征，制瓷历史悠久，瓷器精美绝伦，闻名全世界，故有"瓷都"之称。

　　景德镇生产瓷器的历史源远流长，唐代烧造出洁白如玉的白瓷，便有"假玉器"之称。在宋代御赐殊荣，即皇帝宋真宗将年号景德赐

■ 景德镇博物馆

给景德镇，于是景瓷驰名天下。

之后，历经元、明、清三代，成为"天下窑器所聚"的全国制瓷中心。时至清康，雍，乾三朝，瓷器发展到历史巅峰。

2000多年的制瓷文化和技艺的深厚积淀，为景德镇奠定了举世公认的瓷都地位。景德镇瓷器"白如玉，薄如纸，明如镜，声如磬"，尤其是熔工艺、书法、绘画、雕塑、诗词于一炉，真是"贵逾珍宝明逾镜，书比荆关字比黄苏"。

其中典雅秀丽的青花，五彩缤纷的彩绘，斑斓绚丽的色釉，玲珑剔透的薄胎，巧夺天工的雕塑，无一不是中华文化艺术的瑰宝。

在这些绚丽多彩的名贵瓷器，通过各种渠道，沿着路上"丝绸之路"，海上"陶瓷之路"，"行于九域，施及外洋"，为传播中华文化艺术，经贸交往，发挥了积极的推动作用，对世界文化的丰富和发展做出了重大贡献。

087

守护之魂

赣江拾英

荆关 指五代时的山水画家荆浩和关仝代表的北方山水画派，开创了独特的构图形式，善于描写雄伟壮美的全景式山水。

黄苏 也称"苏黄"，指北宋著名的书法家黄庭坚和苏轼。其中，黄庭坚书法的最大特点是重"韵"，持重风度，写来疏朗有致，如朗月清风，书韵自高。苏轼的书法重在写"意"。

■ 宋代青白釉注瓷器

水墨画 我国绘画的一种形式，更多时候，水墨画被视为我国传统绘画，也就是国画的代表。以中国画特有的材料之一，墨为主要原料加以清水的多少引为浓墨、淡墨、干墨、湿墨、焦墨等，画出不同浓淡即黑、白、灰的层次，别有一番韵味，称为"墨韵"。

宋代，景德镇瓷器以灵巧、典雅、秀丽的影青瓷而著称于世。

这种影青瓷是在五代烧制青瓷和白瓷的基础上烧造成功的。

影青瓷瓷胎加工精致细腻，有"素肌玉骨"之誉，釉色白里泛青，青中有白，莹润如玉，加上釉下瓷胎刻有各种精细的花纹，三者互相结合，交相辉映，相得益彰，形成"颜色比琼玖"的影青瓷。

具有精细秀丽，清澈典雅，"光致茂美"的卓约风姿，成为我国陶瓷史上一个极其珍贵的品种，使得景德镇跻身于宋代名窑之林。

宋代景德镇制瓷业已呈现繁荣局面，窑址分布多至30处，有窑"三百余座"，陶瓷的器型也发展到数百种之多。宋代的景德镇不仅烧造出了温润如玉、品种繁多的影青釉刻花瓷，而且成功地烧造出大批造型各异、风格独特的影青釉瓷雕和仿造出了多种颜色的彩釉瓷器。

元代时，景德镇成功地烧造出青花瓷和釉里红瓷，这是两种极具特色而名贵的品类。

青花着色力强，呈色稳定，纹饰永不褪脱，且风格幽靓典雅，素净秀丽。光润透亮的青花釉与素雅明净的白胎巧妙配合，互相衬托，颇具我国水墨画之特色，并且标志着由素瓷转为彩瓷的新时代的到来。

元青花以其多层次，满画面，主次分明的装饰特征和以彩绘为主兼刻、划、印花的装饰技法，为我国陶瓷艺术的发展开辟了一条新的途径。

釉里红以铜红料在胎上绘画纹饰罩以透明釉在高温还原气氛中烧成，使釉下呈现红色花纹瓷器，烧成难度大，色彩艳丽，以至于流传千年仍是一个极其珍贵的瓷器品类。

釉里红可以单独装饰瓷器，亦可以与青花结合，称作青花釉里红，两者相映生辉，极其名贵。

同时，在高温颜色釉的烧制方面也取得了突出的成就。设立于1278年的浮梁瓷局掌烧的"枢府"瓷，胎体厚重呈失透状，色白微青，恰似鹅蛋色泽，又称"卵白釉"。

这种洁白润泽的枢府卵白釉，是青花和釉里红等彩瓷赖以产生和发展的基础，也为以后釉上彩瓷器和明初"洁白"瓷的发展打下了一定的基础。

其他色釉如红釉、蓝釉、金釉等的出现，标志着人们对各种呈色剂的发色规律已有熟练的掌握，使景德镇瓷器装饰异彩纷呈，从而结束了元代以前瓷器的釉色主要是仿玉类银的局面，预示着新时代

089

守护之魂

赣江拾英

■ 景德镇青花瓶

官窑 即起自唐，有两种涵义，一是指贡器，一是指官厂。官窑之谓，在中国古代陶瓷史上有不同的内涵。就广义而言，是有别民窑而专为官办的瓷窑，其产品为宫廷所垄断。在宋代瓷器中，官窑即是一种专称，指北宋和南宋时在京城汴京和临安由宫廷设窑烧造的青瓷。

■ 景德镇窑五彩花卉纹瓣口盘

的到来。

到了明代，景德镇官民竞市，"有明一代，至精至美之瓷，莫不出于景德镇"，"合并数郡，不敌江西饶郡产……若夫中华四裔，驰名猎取者，皆饶郡浮梁景德镇之产也"，景德镇真正成了"天下窑器之所聚"之地。

除了在继承前代技术并发扬光大的种类烧造方面外，明代景德镇还消化和吸收了各大日益没落的著名窑场的优秀技艺，并广采博收外来文化的精华，不拘一格，大胆创新，创造了许多新的品种、新的造型、新的装饰，真正是"开创了一代未有之奇"，而所有这些创新，不仅造就了明代景德镇在全国制瓷业的中心地位，而且光照千秋，辉映千古。

永乐时，景德镇成功地烧出了玲珑瓷，到成化年间，又造出精细的青花玲珑瓷，玲珑瓷碧绿透亮，青花青翠幽雅，融为一体，引人入胜。

大龙缸和薄胎瓷的烧造成功，是明时景德镇瓷业高度技术成就和制瓷技师惊人智能的体现。

大龙缸，直径高度均达70厘米以上，通身饰以五爪龙须，形制巨大，气势宏伟，庄重肃穆，为帝王专用之物，他人不可僭越使用，进而更现它的神秘。

薄胎瓷的制作，从另一个方面显示了制瓷技师的艺术匠心和智能，最薄最细的薄胎瓷器，其厚度只0.5毫米，最厚的也只有1毫米，真正是"胎薄如纸"。

清代前期的景德镇制瓷业，无论是官窑还是民窑，无论是产品造型、装饰技法、还是装饰题材、装饰风格，都达到了"参古今之式，运以新意，备诸巧妙，于彩绘人物、山水、花鸟，尤各极其胜"的极度繁荣境界，制瓷技术几乎达到了炉火纯青、出神入化的地步。

■ 陶瓷人物作品

此时的景德镇"延袤十余里，民窑二三百区，工匠人夫不下数万，借此食者甚众，候火如候晴雨，望陶如望黍埒"，"利通数十省，四方商贾，贩瓷者萃集于斯"。与明代一样，清代也是官窑民窑并存共荣，并且均有名窑精品。

在五彩基础上，受珐琅彩制作工艺的影响而于康熙朝始创的粉彩，到雍正年间获得空前的发展，并且有"清一代，以此为甚"，彩料中砷元素的掺入，加上国画没骨法渲染手法的运用，突出了书画的阴阳、浓淡、深浅的立体感。

没骨法 国画术语，直接用彩色作画，不用墨笔立骨的技法。分山水没骨和花鸟没骨两种，这种画法打破了前代习用的"勾花点叶"法，以彩笔取代墨笔，直接挥扫，从而产生了一种全新的时代风格。这种技法的形式是用青绿重色画的山水画，并染出明暗部分，与西画的形式相似。

同时粉彩烧成温度较古彩低，色彩对比比较和谐；因而显得粉润柔和，色彩丰富绚烂雅丽，形象逼真，构图文雅隽秀，所谓"鲜娇夺目，工致殊常"。

特别值得一提的是集诗、书、画、印于一身而又以瓷器艺术为第一的督陶官唐英主持下唐窑，成就辉煌，既是乾隆一朝的代表，也是我国古代制瓷史成就的代表。

1728年，唐英以47岁之身协理窑务，他以陶人之心主持陶政。胎质、釉面、器型、品种、工艺手法、装饰形式、釉上和釉下彩绘，无论仿古，无论创新，无不登峰造极。

在乾隆时期，景德镇的瓷窑很多，而且分布很广，这个时期生产的青花瓷画面清晰干净，色彩翠蓝光艳，给人以清新明快之感。

五彩瓷器色调强烈，富丽堂皇，较之明代又有发展。粉彩瓷器色调柔和，层次分明，富有立体感。在瓷胚上用西洋油画激发作画，再入窑烧制成的珐琅彩瓷器，融汇中西，异常精美，是皇宫的专用品。

阅读链接

景德镇瓷器造型优美，品种繁多，装饰丰富，风格独特。瓷质"白如玉、明如镜、薄如纸、声如磬"，景德镇陶瓷艺术是我国文化宝库中的重要财富。

景德镇瓷雕制作可以追溯到1400多年前，远在隋代就有"狮"、"象"、大曾的制作。

后世的景德镇，瓷雕工艺精湛，工艺种类齐全，有圆雕、捏雕、镂雕、浮雕等；千姿百态、栩栩如生；装饰丰富，有高温色温、釉下五彩、青花斗彩、新花粉彩等；艺术表现力强，有的庄重浑厚，有的典雅清新，有的富丽堂皇，鲜艳夺目。

青花、玲珑、粉彩、颜色釉，合称景德镇四大传统名瓷，薄胎瓷称神奇珍品，雕塑瓷为我国传统工艺美术品。

光泽古朴的宜春漆器

宜春位于江西省西部，自古以来以盛产夏布、花爆、漆器而闻名。宜春漆器创始于东汉时期，至少有1700多年历史。

我国漆器历史久远，早在2000多年前，漆器的制作已达到惊人的高超技艺。宜春脱胎漆器的原产地在宜春袁州，由于其地处赣西北丘陵地带，全年四季如春，雨量充沛，水资源丰富，森林面积覆盖广，树木茂密，这为宜春脱胎漆器的制作提供了丰富的资源。

■脱胎漆器

宜春脱胎漆器有着悠久的历史，据史料记载，明代就有作坊，清康熙年间大增，当时就有帽筒、果盒、花瓶、托盘等19个类别。

宜春脱胎漆器造型美观，轻巧玲珑，色泽明丽，光亮如镜，不怕水浸；

■ 脱胎漆器

景泰蓝 我国著名的传统手工艺品，又称"铜胎掐丝珐琅"，俗名"珐蓝"，又称"嵌珐琅"，是一种在铜质的胎型上，用柔软的扁铜丝，掐成各种花纹焊上，然后把珐琅质的色釉填充在花纹内烧制而成的器物。因其在明朝景泰年间盛行，制作技艺比较成熟，使用的珐琅釉多以蓝色为主，故而得名为"景泰蓝"。

耐温、耐酸、耐碱、耐腐蚀；使用时间越久，光泽越发光亮。

宜春脱胎漆器制作技艺是一种极富民族风格和地方特色的传统手工技艺。其产品以轻巧玲珑、色泽秀丽、图式多样、风格古朴典雅等特色闻名于世，更因其漆器牢固、便于携带而深受大众欢迎。

宜春脱胎漆器的生产纯属手工操作，先制模型，再以棉布、绸布、夏布裱在模型上，涂上调配好的液漆，待阴干后脱下内胎，然后填灰、上漆，再进行打磨、抛光、装饰，前后是要经过数十道工序才能制成。

后来，宜春漆器在继承和发展传统工艺的基础上，将漆器、瓷器、铜器、银器、玉器、景泰蓝等制作工艺熔于一炉，并采用金银镶嵌、刻漆、雕填、彩金花、磨漆画、"赤宝沙"、"绿宝沙"等多种加工技法，生产出的脱胎漆器各呈异彩，形成了自己的独特风格。

清朝末年，宜春脱胎漆器迎来了一个值得大书特书的时期，据记载："宣统元年，宜春脱胎漆器参加国际南洋赛会，获双龙银质奖"。

这是一个国际性的博览会，该获奖作品就是宜春著名的脱胎漆器艺人杨荣大制作的。从此，宜春脱胎漆器名扬中外，宜春脱胎漆器得到光大，如"凤耳赤金砂花瓶"多次获得国内外大奖。

传统的宜春脱胎漆器产品有200多种，分为八大类，即盘盒类、瓶类、雕塑类、仿古类、手杖类、宗教用具类、寿星观音类，都是极具民族特色产品。

后来，宜春又开发了挂屏、漆画等，形成了实用、包装、装饰三大系列，共680多个花色品种。

传统的脱胎漆器制作工艺复杂，整个生产过程有十几道工序，主要工艺流程是：设计图纸、审核图纸、制模、模型处理、楷胚子、脱胎、接合、刷灰砂磨、上漆、抛光、装饰、检验、包装。

最为关键的是楷胚子和脱胎技艺，即先用漆灰作粘剂，将漆灰涂在夏布上，再把夏布裱在制好的模型上，待其阴干，将坯胎脱下，即为脱胎。坯胎经过数道复杂的手工操作程序，最后抛光装饰而成。

传统的装饰方法，以漆刻为主，如线刻擦锡就是其中一种。此外，还有贴金、彩绘、浮雕图案、阴刻图案等数种，色彩艳丽，富丽堂皇。

宜春脱胎漆器的图案多以山水、花鸟为主。山水颇有诗的意境，花鸟多以喜鹊、腊梅、兰花、修竹为主，线条洗练，风格潇洒。

■脱胎漆器

制作宜春脱胎漆器的主要器具和设施有以下几种：制膜需要木料、泥巴、石膏；脱胎需要刀、夏布、胶水、砂纸、抛光机；手工材料需要贝壳、蛋壳、金银粉等。

后来，采用赤宝砂、绿宝砂、锡箔镶嵌、雕填、暗合、填彩、浑金等新工艺，生产出大批产品，主要有花瓶、仿古制品、人物雕塑、动物雕塑、果盒、罐等。

之后，又成功地在漆器上使用丝网版印刷图案，其产品色泽光亮，古朴雅致，质地优良，既可作实用物器，又可作艺术品欣赏，产品远销全国各地及世界各国。

除宜春外，江西波阳的漆器历史悠久，制作精巧，以造型新颖，漆面光泽，内壁光滑见长，始于汉代，明清以后，享誉江南，远销东南亚、欧美和日本。

波阳布胎漆器脱胎法较为先进：以松香雕作阳模，或将松香融化灌入阴模成阳模，用漆布裱褙成胎，胎成后击碎松香，一次脱胎成型，布胎没有接缝，平整光滑。波阳漆器代表作如漆画《江南四月》《踏清》《渔鹰》等。

阅读链接

宜春脱胎漆器是坯胎经十几道复杂的手工操作程序，最后抛光装饰而成。推光漆是制作漆器的主要原料，其制作是用猪胆作添加剂。黑推光漆产品光可鉴人，如黑色宝石，色泽深沉、含蓄。

宜春脱胎漆器的制造，每件一般最少要半年，多则要一两年，时间周期长，环境条件要求严格，相对湿度较高，工艺精细，可谓巧夺天工。

它集所有我国漆器之精髓，继承千百年来传统脱胎漆器制作工艺技术，有极高的使用价值和收藏价值。

李渡毛笔与江西竹编

　　江西赣文化源远流长，文风甚盛。李渡毛笔已有1700多年的生产历史，传说秦代蒙恬发明"柳条笔"不久，咸阳人郭解和朱兴由中原徙入江西临川李渡一带，传授制笔技艺。

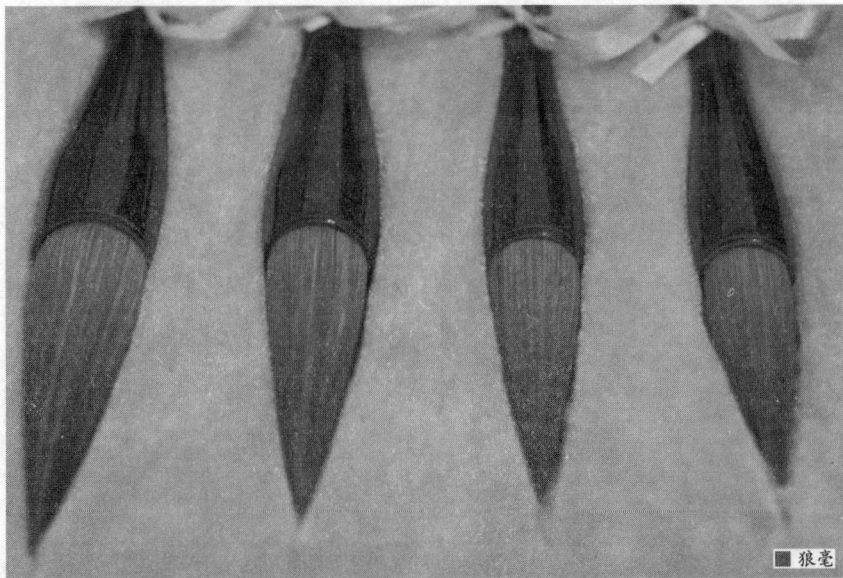

■ 狼毫

经过世代相传，逐步形成一套独特的制笔工艺，博得了历代文人墨客的青睐。

晋代著名书法家王羲之担任临川内史时，对李渡毛笔爱不释手。他的书法珍品有不少是用李渡毛笔书写的。由于王羲之的缘故，李渡毛笔名声大振。

李渡毛笔品种繁多，式样新颖，大小齐全，长短兼备。品类有狼、紫、鸡、羊，兼五毫；装潢分黑、白、花、炕四管；笔锋则有红、绿、黄、白、青、蓝、紫七色。其中尤以"纯净紫毫"、"七紫三羊"、"墨翰"等名牌传统产品，风靡世界各国。

受欢迎的出口品种还有"书家妙品"、"百花争艳"、"进贤独秀"、"白云狼毫"、"羊毛小楷"、"极品纯净狼毫"等19个。

江西气候温暖湿润，盛产各种竹子。因此，竹编工艺遍及全省各地，江西竹编自明清起便饮誉大江南北，畅销十几个国家和地区。

■ 竹编食盒

铅山河口地处赣东北信江上游，竹编历史悠久。这里竹源丰富，竹艺制品早在明末清初就已成为土特产品，畅销大江南北。当时仅制作一些竹床、竹椅、躺椅等粗笨竹器，后来已有多种产品。

河口的竹编工艺，确实令人赞叹。艺人们将质地坚韧、富有弹性、皮面洁净、纤维细长的竹子，劈成薄如绸绢、细如纱线的片或丝，再染上绮丽的色彩，精心编制成各种玲珑剔透、美观轻便的器皿，颇受欢迎。

河口竹编工艺精湛，将造型结构的形体美、构质材料的质地美、编织工艺的形式美有机统一在一起。

还有赣南瑞金的竹编艺人，经过巧妙的艺术构思，结合丰富的生活经验，设计生产出各种鸟兽虫鱼和生活用品，其细腻的工艺，精湛的技巧，深得人们好评。

■ 竹编松鼠

守护之魂 赣江拾英

瑞金竹编工艺历史悠久，用料上乘、造型美观、色彩鲜艳、技术精湛、品种上百。具有防蛀、防霉性能。主要产品有各种竹编瑞兽、小草人、果盒、篮盘等。适宜家居摆放和艺术欣赏。

瑞金传统竹编工艺由最初的竹，经过破篾、劈条、开片、分层、梳丝，演变为漂白、染色、上光、防霉蛀处理，使产品更逼真。同时运用雕刻、装点等手段，成为艺术品。

例如一个猫头罐，底座用竹编为本，将原本废弃不用的竹壳剪成羽毛来装饰，爪用竹板丫，惟妙惟肖，这就是瑞金竹编的特色。它将毛竹全身原料综合运用，使产品浑然天成，返璞归真。

仅是一个猫头罐，就需要经过30多道工序，主要包括破篾、编织、雕刻和油泡等。制作中用到的竹编

破篾 是一种古老、传统的手工艺。在农村，有一种工匠，叫"篾匠"，也称"篾工"。他们的工作是把竹子来制成一些生产和生活用品，如箩筐等。其中的第一道工序就是"破篾"，其实就是把竹子用一种专用的"篾刀"来破成制作产品所需要的一根根的"篾"。

篾刀 或称刮刀，是我国古老的生产工具之一。此种刀呈竹叶形，器身略往上曲翘，背有脊，断面呈人字形，两刃前聚成尖锋，后部平直，这种器物在我国广西的墓地出土较多。它的出现，与当时竹器编织业有关。

工具更是有10多种，像篾刀、匀刀、梳具、模具、刻刀等更是不能少。

如果说江西其他地方的竹编动物器皿形态生动、秀雅宜人、富有浓郁装饰趣味的话，那么景德镇瓷胎竹编则更胜其一筹。

景德镇瓷胎竹编，是用千百根细如发、软如绵的竹丝，均匀地编织于洁白如玉的瓷器之上的一种竹编制品。因为竹丝依胎成形，随胎编织，紧扣瓷胎，胎弯竹弯，形曲篾曲，编织成功后，竹丝和瓷胎浑然一体，天衣无缝，所以又称"竹丝扣瓷"。

由于竹篾都染上美丽的色彩，以洁白如玉的瓷器为胎，外面织就各种玲珑剔透、美观轻便的篾罩，犹如冰肌雪肤的美人穿上了一件艳丽雅致的锦衣，使景德镇名瓷锦上添花。

清雅莹润的丝竹和洁白如雪的名瓷相映成趣，使它在我国众多的竹编工艺品中卓然独立，与众不同，别具一格。

瓷胎竹器巧妙地将雕刻、彩绘、嵌镶画等的艺术特色熔为一炉，集于一器。所以，它一经问世，便名扬四海，并畅销全国，以及世界各地。

竹编这一古老的民间艺术在景德镇荷塘乡

■ 竹编骆驼

■ 竹编苏武牧羊

有着悠久的历史。荷塘毛竹资源十分丰富，为竹编技艺提供了得天独厚的条件。

早在明清时期，人们就用竹子编成竹篓供应景德镇瓷窑装瓷器、编竹架存放瓷胚、编竹篮洗菜、编斗笠避雨、编鱼篓捉鱼虾等。

特别是编进京赶考的考篮，说明荷塘乡早就有了竹编技艺。由于当时没有布的书包和皮箱，进京科举考试之前，都要请篾匠师傅们做一个精美的长方形篮子装学习用品。

同时，人们将会竹编手艺的人称为"篾匠师傅"。谁家要做个篮子、打床凉席，就把篾匠师傅请回家，好酒饭招待。竹编作为谋生的手艺，依靠篾匠师傅的口传心授，代代相传。荷塘竹编技艺因此得以发展。

竹编技艺看似简单，实质奥妙无穷，若要变化则

嵌镶画 也称镶嵌画，是用有色石子、陶片、珐琅或有色玻璃小方块等嵌成的图画，主要用以装饰建筑物天花板、墙壁和地面，以陶瓷镶嵌壁画最为流行。

需要换编法并采用不同技法方可完成。

竹器生产一般有三个过程：选料、劈篾、编织。

第一步是选料。选竹子很有讲究、竹龄一两年不能用，最起码要选三四年的竹子，并且是长得茂盛的竹子。选好合适的竹子还需要根据制作产品的种类、尺寸要求锯好竹料。

第二步是劈篾，即竹子加工成篾丝或篾片。劈篾要洗干净竹子、绞平节疤。

劈篾十分讲究技巧，手和刀要成一条线、双手用力要均衡。为了防蛀、防霉、还要高温煮篾。

第三步是编织，竹编的编制技法很多，内容丰富，篾匠师傅采用直径纬编、六角六方编、三角眼编、虎头眼编、转角立体编、回旋还原编、多边钱眼编，长长的竹丝瞬间就组成了各种图案，让人眼花缭乱。在编制过程中，对篾丝或篾片中还要进行漂白和染色烘干喷漆。

竹编相关制品种类繁多，有竹编瓷篓、篮子、斗笠、鱼篓、竹椅、竹床、谷箩、竹凉席、考篮等生产生活工艺品。

阅读链接

竹编技艺是具有鲜明的地方特色的民间工艺，是人们适应自然、改造自然、创造生活的艺术结晶。发展竹编不仅能减缓劳动力的就业压力，而且还可以促进当地农民增收，帮助农民致富。

手工竹编工艺品，是从民间日用品的基础上形成的。许多竹编作品本身是一件日用品，但都具有一定的艺术性和欣赏性。因此，大部分竹编工艺品是实用与欣赏相结合的作品，只是侧重点不同而已。

手工竹编产品集实用、环保、艺术、审美、观赏等多种功能为一体，成为极具有地方特色的乡土民间工艺品。

名品迭出的婺源绿茶

江西婺源地处赣东北山区，为怀玉山脉和黄山山脉环抱，地势高峻，峰峦耸立，山清水秀，土壤肥沃，气候温和，雨量充沛。终年云雾缭绕，适宜栽培茶树。这里"绿丛遍山野，户户有香茶"，是我国

■婺源茶园

■ 婺源采茶女

著名的绿茶产区。

婺源绿茶历史悠久，唐代著名茶叶专家陆羽在《茶经》中就有"歙州茶生于婺源山谷"的记载。《宋史·食货》中婺源的谢源茶被列为全国六种名茶"绝品"之一。

明清时代，曾列为向朝廷进献的"贡茶"。明朝时，婺源县每年进贡的茶叶2500千克左右。

"婺源绿茶"从清代开始就已进入国际市场，乾隆年间，外销到英国；咸丰年间，婺源"俞德昌""俞德和"、"胡德馨"、"金隆泰"四家茶号，共制绿茶数千箱运往香港销售，获利极丰。

此外，"俞德盛"茶号所制"新六香"绿茶还远销西欧。光绪年间，茶商俞杰然建"祥馨实业花园"，种植珠兰，茉莉数千盆，为窖制花茶用。

婺源绿茶是以清明后采摘的一芽二叶为原料，经

杀青 是绿茶、黄茶、乌龙茶等的初制工序之一。是把摘下的嫩叶加高温，抑制发酵，使茶叶保持固有的绿色，同时减少叶中水分，使叶片变软，便于进一步加工。其目的是蒸发鲜叶水分，使茶叶变软，便于揉捻成形。

过杀青、造型揉捻、分段干燥、分筛梗、风选、拼配
等工序精制而成。

婺源绿茶品种繁多，质量上乘。著名品种有"上
海州"、"大叶种"、"小叶种"、"圆叶种"等。

婺源绿茶叶质柔软，持嫩性好，芽肥叶厚，有效
成分高，宜制优质绿茶。选用"上梅州"良种茶叶为
原料，精心制作而成的"茗眉"茶，香气清高持久，
有兰花之香，滋味醇厚鲜爽，汤色碧绿澄明，芽叶柔
嫩黄绿，条索紧细纤秀，锋毫显露，色泽翠绿光润。

婺源山高林密，气候温润，自然条件十分优越，
茶树得云雾之滋润，无寒暑之侵袭，蕴成良好的品
质，因此茶中名品迭出。

如"天香云翠茶"以独有的板栗香气、豌豆鲜味
和耐冲泡品质著称国内外；全部选用生长在没有任何
污染的山区的茶树鲜嫩芽叶，精细制作，具有怡神醒

风选 也是制茶
的一种工序之
一，是利用物料
与杂质之间悬浮
速度的差别，借
助风力除杂的方
法。风选的目的
是清除轻杂质和
灰尘，同时还能
除去部分石子和
土块等较重的杂
质，此法常用于
棉籽和葵花籽等
油料的清理以及
茶叶、粮食、烟
草等行业的除尘
除异物。

■婺源采茶女

龙井 龙井茶是我国著名绿茶，产于浙江杭州西湖一带，已有1200余年历史，位列"中国十大名茶"之首，有西湖龙井、钱塘龙井、越州龙井三种。据说，清朝乾隆皇帝游览杭州西湖时，盛赞龙井茶，并把狮峰山下胡公庙前的18棵茶树封为"御茶"。

脑、明目清火、消食除腻、减肥、健美之功能。

而"婺源仙枝茶"则因其特有的清香味而成为最受欢迎的婺源绿茶之一。此茶主要产自婺源灵岩一带高山区，制作精细，成品条索紧细，白毫显露，香气清香持久，汤色清澈明亮，滋味醇厚鲜爽，叶底嫩绿匀亮。

另外，"婺源雀舌茶"是精选早春两芽嫩叶精制而成，香高持久，极受人们欢迎。它风韵独具，品质优异，外形扁圆如禽鸟之舌，紧结重实，色泽绿亮，油润显毫，香气醉人，爽清雅致，翠澈明丽，如初放春叶；干茶落杯叮当有声，沸水冲茶缓舒缓展，颇具赏评、遐想之诱。

"灵岩剑峰"则产自婺源北部灵岩高山区。外形似宝剑，与龙井相近。该茶选料考究，汤青香高。

"婺源毛尖"以婺源高山早春茶芽为原料精制而成。其外形细嫩，芽肥壮，匀齐，有锋毫，叶呈金黄色，色泽嫩绿油润，香气清鲜，水色清澈、杏黄、明亮，味醇厚、回甘，叶底芽叶成朵，厚实鲜艳。成茶外形细嫩扁曲，多毫有峰，色泽油润光滑；冲泡杯中

■ 古代品茶图

■ 婺源茶艺表演

雾气轻绕顶，滋味醇甜，鲜香持久。

婺源人会种茶、善制茶、懂饮茶。茶道、茶礼、茶俗就像是条涓涓的小溪，生生不息地汇入我国茶文化的海洋。

如"清宫茶"，是首先准备茶具，投茶之前，先用热水将瓷壶和汤瓯荡洗一遍。再冲泡注水，这种泡法叫"壶泡法"，就是将茶泡在壶里，然后再分饮。茶泡好后，一般要等一会，这样茶的香气和汁味才能充分溢出。

"农家茶"是由于婺源乡村，家家种茶，人人饮茶。不仅上山伐木、下田耕作要带上茶筒，而且村间道路还设有茶亭。家里待客，常用壶泡茶分饮。茶重内质，情贵真诚，乡土气息，纯朴亲切。

品茶时，茶道姑娘头系蜡染头巾，身穿青花小

茶道 就是品赏茶的美感之道。茶道亦被视为一种烹茶饮茶的生活艺术，一种以茶为媒的生活礼仪，一种以茶修身的生活方式。它通过沏茶、赏茶、闻茶、饮茶、增进和朋友的友谊，美心修德，学习礼法，是很有益的一种和美仪式。茶道精神是茶文化的核心，是茶文化的灵魂。

襦，外围绣花围裙，简朴大方、明快素雅，散发出浓郁的乡村气息。

农家茶的茶具是一种青花小碗，婺源叫汤瓯，在乡村，一般用来饮茶，既简朴，又方便。投茶之前，先用热水将瓷壶和汤瓯荡洗一遍。泡茶使用"壶泡法"。

分茶时，八个汤瓯，依次点洒，均匀布水。然后，又从最后一个开始，倒过来点洒一遍。这样，茶汤才能前后一色，浓淡相宜。人们特此雅称为"韩信点兵"。

婺源人的生活中，无处不体现茶文化现象，"新娘茶"作为一种古俗，可谓代代相袭，流传不衰。

当地风俗，新娘在拜堂后的第二天第一件事就是亲手泡制香茶敬献公婆及男家亲眷。

有道是"品饮新娘茶，一生福无涯"。亲友们随着新娘敬献的那杯甜甜的香茶，细细地品味那份亲近的情和天然的香。

最具文化色彩的还是"文士茶"。婺源历史上属新安文化，儒雅风流，书斋庭院，竹坞流星，泥炉鄣炭，瓦罐竹勺，茶重形质，水选名泉，追求的是汤清、气清、心清、境雅、器雅、人雅的境界。堪称为我国儒家茶之代表。

阅读链接

文士茶所用茶品为：婺绿茗眉，婺绿剑峰。清明之前，茶树新发，嫩芽初展，用它加工而成的茗眉，外形挺秀，白毫披露，香气清高浓郁，回味醇厚甘甜，多次被评为全国名茶。

水在茶的泡饮中是十分重要的。茶为水之神，水为茶之体。陆羽在他著写的《茶经》中说："水以山泉为上，江河中，井水为下。"

在婺源，当取廖公泉、廉泉之水。此乃唐宋名泉，古人常临泉煮水，品茗谲道。煮水烹汤，在古时更是十分讲究的：火有文武之分，汤有三沸之法，候火辨汤，历来为茶人所乐道。

石冠群山的江西龙尾砚

我国著名的文房歙砚因产于古歙州而得名，但是却以江西婺源龙尾山下溪涧中的石材所制最优，故歙砚又称龙尾砚。婺源古代时即属歙州。

龙尾砚石质坚韧、润密，纹理美丽，敲击时有清越金属声，贮水不耗，历寒不冰，呵气可研，发墨如油，不伤笔毫，雕刻精细，古朴大方。

龙尾砚因其石纹各异而拥有不少雅称，可分为眉子、螺纹、金星、金晕、鱼子、玉带等石品。螺纹砚中，以纹理细密的古犀螺纹、鱼子螺纹和暗细螺纹为最佳。

龙尾砚各名品特质不

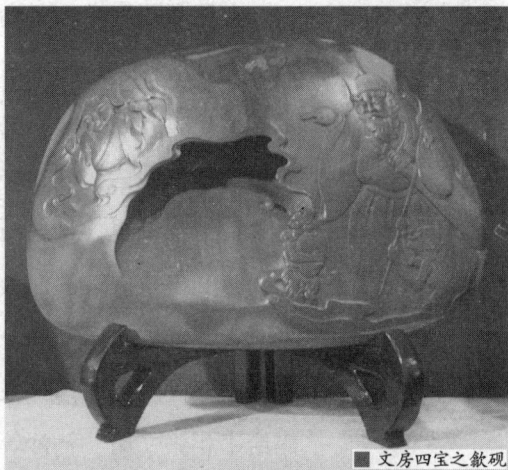

■ 文房四宝之歙砚

■ 四大名砚之一歙砚

米芾 北宋书法家、画家，书画理论家。天资高迈、人物萧散，好洁成癖。被服效唐人，多蓄奇石，世号米颠。书画自成一家，能画枯木竹石，时出新意，又能画山水，创为水墨云山墨戏，烟云掩映，平淡天真。他擅长写诗，并精通书法和鉴别。擅篆、隶、楷、行、草等书体，长于临摹古人书法，达到乱真程度。是宋四家之一。

一，如金星砚，砚石中洒布金黄色点，黑地黄星，宛若夜幕繁星；螺纹砚，蓝黑细线似螺纹，细的如盘发，粗的似卷带，起波的灵动，像卵石见扁见圆；蛾眉砚，卧蚕、柳叶都似眉，有的还成双成对，恰似脸上挂双眉。

另外鱼子纹、瓜子纹、枣心纹、算子纹、松纹、豆斑纹、角浪纹等也各有千秋，雕砚名家们一般都会因材琢砚，让纹彩尽量展现出自然纯朴的姿色，使得天工妙手合一，交相辉映。

尽管螺纹砚实用价值很高，但名气并不是最大，歙砚中名气最大的是金星砚。从唐代开采歙石以来，金星砚的名气一直高居首位，被人们认为是龙尾砚的代表。

金星砚硬度高，坚润耐磨，且越磨越亮，冲洗容易，光亮如初，是砚中之上等佳品。

早在唐开元年间，婺源龙尾砚已有生产，据北宋唐积《歙州砚谱》载：婺源砚在"唐开元中，猎人叶氏逐兽至长城里，见叠石如城垒状，莹洁可爱，因携之归，刊出成砚，温润大过端溪。"自此以后，歙砚名冠天下。

据五代陶谷《情异录》记载，唐开元初年，玄宗赐给宰相张文蔚、杨沙等人的"龙鳞月砚"，就是歙州产的一种较为名贵的金星砚，据此可知，龙尾砚的传世至少有1200余年历史了。

唐文学家李山甫赞龙尾砚诗道：

> 追琢他山石，方圆一勺深，
> 抱才唯守墨，求用每虚心。
> 波浪因纹起，尘埃为废侵，
> 凭君更研究，何啻值千金。

该诗记述了唐代龙尾砚波浪纹就已定名，由于石品名贵，雕工讲究，才"何啻值千金"。

盛唐时，龙尾砚已大盛。如唐开成年间的箕形歙砚，石质细润，色泽清纯，具有"涩不留笔，滑不拒墨瓜肤而彀里，金声而玉德"等优点，是早期歙砚的珍贵遗存。

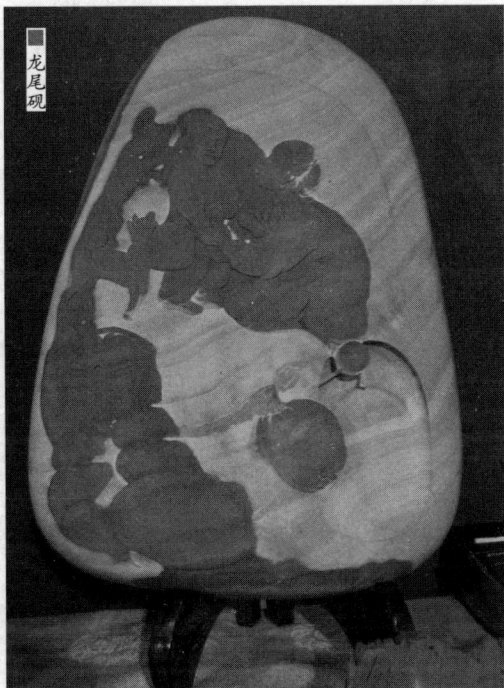

■龙尾砚

在南唐时期，龙尾砚大受宠遇，中主李璟精意翰墨，宝重歙石，专门在歙州设置了砚务，选砚工高手李少微为砚务官；后主李煜对龙尾砚极为推崇，把龙尾砚、澄心堂纸、李廷硅墨三者称为天下冠。

李少微为后主李煜雕刻"砚山"一方，该砚奇峰耸立，山水相依，被李后主视为"至宝"。到宋时，该砚落到北宋书画家米芾手里。

米芾为其铭道：

> 五色水，浮昆仑，潭在顶，出黑云，挂龙怪，烁电痕，下震霆，泽厚坤，极变化，阖道门。

不仅如此，后来，米芾还用此砚换取了友人苏仲恭的一片宅地。

宋代，龙尾砚获得很大发展，龙尾石开采规模扩大，龙尾砚精品不断涌现，名色之多、质地之细、雕镂之工，为诸砚之冠。如歙县宋代窖藏发现的17块龙尾砚，石质与造型各异，制作巧妙，展现了龙尾砚精美绝伦的面貌。

苏轼有两方名砚。其中有一方龙尾砚，铭为："东坡砚，龙尾石，开鹄卵，见苍壁，与居士，同出

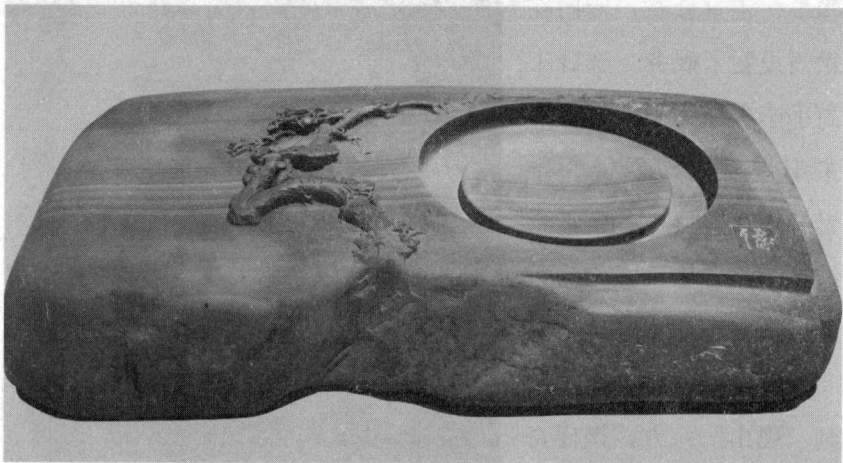

■ 婺源歙砚

入，更寒暑，无燥湿，今何者，独先逸，同参寥，老空寂"。

徐虞部有方龙尾石砚，请书法家蔡襄品第，蔡襄看后题诗赞曰："玉质纯苍理致精，锋芒都尽墨无声，相如闻道还持去，肯要秦人十五城。"

据砚谱记载，宋时龙尾石名目有眉子纹7种，外山螺纹13种，水玄金文厥状10种，各种纹色灿然烂漫。如眉纹枣心砚和银色冰纹砚及抄手砚。

其中冰纹砚长19.8厘米，厚4厘米，正视纹路为山峦起伏，侧视则银丝万镂，砚背镌有隶体"歙石绝品"四字。抄手砚左侧阴刻隶书"世路艰、人业异、与石交、不相弃"，右侧阴刻篆书"结邻"。

元代以后，龙尾石开采时断时续，但成砚依然大量涌现，成为明清宫廷和士绅之家赏鉴流连的珍品。

《西清砚谱》中记载，明代书法家董其昌有一方仿汉瓦样龙尾砚，长18.8厘米，宽10.9厘米，此砚后归唐寅，清代又被皇家所藏。

砚上有董其昌铭为："博以方，温而粟，润鸿藻，翼经术"；唐寅铭为："古瓦尚多炎汉制，墨光能射斗牛寒"；乾隆帝铭为："歙之石，龙尾最，式萧瓦，汉制派，董以画名，唐以画经……"

明代名砚主要有"冰纹银光砚"、"白眉子砚"、

■ 北宋歙砚

唐寅 字伯虎，一字子畏，号六如居士、桃花庵主、鲁国唐生、逃禅仙吏等，人称唐伯虎，苏州府吴中人士。他玩世不恭而又才气横溢，诗文擅名，与祝允明、文徵明、徐祯卿并称"江南四大才子"，画名更著，与沈周、文徵明、仇英并称"吴门四家"。同时，他在文学上亦富有成就，著有《六如居士集》等。

"蝉形三足砚"、"蛙蜥栖穴砚"、"三足圆形金星砚"。

"蝉形三足砚"长34厘米，厚6.5厘米，墨池开在蝉头部，池前部两角外突作蝉眼，构思巧妙，造型生动有趣。

"蛙蜥栖穴砚"，长21.2厘米，宽14.2厘米，厚4.4厘米，间有阔眉纹，蛙、蜥清晰可见，蛙借凹洼为栖地，两蜥沿池追逐嬉戏，造型简朴，图饰生气盎然。

清代，歙丞、书法家高凤翰酷爱龙尾砚，自选自雕，右手残废了，改用左手雕，成了著名砚刻家。

据说，高凤翰一生藏砚一千多方，著有《砚谱》二卷120式，均为清代名砚的佼佼者。

龙尾砚的制作以雕刻艺术为中心，由选石、构思、定型、图案设计、雕刻、打磨、配制砚盒等多道工序构成，

龙尾砚的雕琢，有浓厚的地方风格。一般以浮雕浅刻为主，不采用立体的镂空雕，但由于受到砖雕的影响，之间也会出现深刀雕刻。

龙尾砚利用深刀所琢的殿阁、人物等，手法比较细腻，层次分明，而砚池的开挖也能做到相互呼应，因而显得十分协调。

阅读链接

龙尾石，石质优良，莹润细密，有"坚、润、柔、健、细、腻、洁、美"八德。

嫩而坚，砚材纹理细密，兼具坚、润之质，有涩不留笔、滑不拒墨的特点，扣之有声，抚之若肤，磨之如锋，宜于发墨，长久使用，砚上残墨陈垢，入水一濯即莹洁，焕然一新。被誉为"石冠群山"、"砚国名珠"。

宋代米芾之砚史里说："歙石以螺纹无星者为上"。而清代唐秉钧之古砚考却说"以金星为贵"，传闻以"北金星砚"磨墨作书画，不易被虫蛀、发霉，可能因金星之色彩含硫黄的关系。

艺苑风采

　　江西是一片神奇的土地,它地域广袤、历史悠久、底蕴厚重、文化多样,在我国社会历史和区域文化研究中有着不容忽视的地位。尤其是赣南地区,是开展社会史和客家族群研究的"试验地"、"资料库"。

　　悠久的历史创造了灿烂的民间文化作品和丰富的民间艺术,如百业综合全书《天工开物》、戏曲杰出作品《牡丹亭》,以及优美高亢的赣剧、古色古香的东河戏、以茶会友的采茶戏、热烈奔放的灯彩等。

百业综合全书《天工开物》

宋应星
（1587～1661）
宋应星雕像

《天工开物》初刊于1637年，是世界上第一部关于农业和手工业生产的综合性著作，作者是明末科学家宋应星。书中强调人类要和自然相协调、人力要与自然力相配合。

《天工开物》对我国古代的各项技术进行了系统的总结，构成了一个完整的科学技术体系。收录了农业、手工业、工业中诸如机械、砖瓦、陶瓷、硫黄、烛、纸、兵器、火药、纺织、染色、制盐、采煤等生产技术。尤其是机械，更是有详细的记述。

宋应星，字长庚，江西奉新县人。1615年，他两次考中举人，但以后5次进京会试均告失败。5次跋涉，见闻大增，他说："为方万里中，何事何物不可闻。"

宋应星在田间、作坊调查到许多生产知识。他鄙弃那些"知其味而忘其源"的"纨绔子弟"与"经士之家"。在担任江西分宜县教谕年间写成了《天工开物》。

■ 宋应星画像

宋应星在《序》中描写这段情况时说，想加以验证而无钱，想与同人们讨论真伪而无场馆，只得"炊灯具草"，日夜写书，但"大业文人，弃掷案头，此书于功名进取毫不相关也"。

1634年，宋应星出任江西分宜县教谕。期间，他将其长期积累的生产技术等方面知识加以总结整理，编著了《天工开物》一书，在1637年由其朋友涂绍煃资助刊行。

《天工开物》的书名取自《尚书·皋陶谟》"天工人其代之"及《易·系辞》"开物成务"，宋应星说是"盖人巧造成异物也"。

全书按《序》"贵五谷而贱金玉之义"分为谷物《乃粒》、纺织《乃服》、染色《彰施》、谷物加工《粹精》、制盐《作咸》、食糖《甘嗜》、食油

教谕 古代学官名，宋代开始设置，负责教育生员。明清时县设"县儒学"，是一县之最高教育机关，内设教谕一人，另设训导数人。训导是指辅助教谕的助手，而嘱托则是约聘教员。府学教谕多为进士出身，由朝廷直接任命。

《膏液》、陶瓷《陶埏》以及《冶铸》《舟车》《锤锻》《播石》《杀青》《五金》《佳兵》《丹青》《曲蘖》《珠玉》共计18卷。

书中包括了当时许多工艺部门世代相传的各种技术，并附有大量插图，注明工艺关键，具体描述生产中各种实际数据，重量竟然准确到钱，长度准确到寸。全书详细叙述了各种农作物和工业原料的种类、产地、生产技术和工艺装备，以及一些生产组织经验，既有大量确切的数据，又绘制了123幅插图。全书分上、中、下3卷。

上卷记载了谷物豆麻的栽培和加工方法，蚕丝棉苎的纺织和染色技术，以及制盐、制糖工艺。中卷内容包括砖瓦、陶瓷的制作，车船的建造，金属的铸锻，煤炭、石灰、硫黄、白矾的开采和烧制，以及榨油、造纸方法等。下卷记述金属矿物的开采和冶炼，兵器的制造，颜料、酒曲的生产，以及珠玉的采集加工等。

我国古代物理知识大部分分散体现在各种技术过程的书籍中，《天工开物》中也是如此。如在提水

■ 宋应星编著的《天工开物》

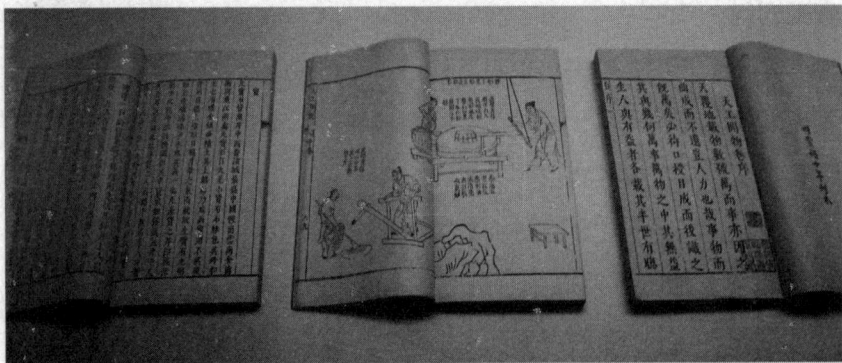

工具如筒车、水滩、风车和船舵、灌钢、泥型铸釜、石蜡铸造、排除煤矿瓦斯方法、盐井中的吸卤器、熔融、提取法等中都有许多力学、热学等物理知识。

在"五金"卷中，宋应星是世界上第一个科学地论述锌和铜锌合金的科学家。他明确指出，锌是一种新金属，并且首次记载了它的冶炼方法。

■古代冶炼场景

这是我国古代金属冶炼史上的重要成就之一。使中国在很长一段时间里成为世界上唯一能大规模炼锌的国家。宋应星记载的用金属锌代替锌化合物炼制黄铜的方法，是人类历史上用铜和锌两种金属直接熔融而得黄铜的最早记录。

阅读链接

宋应星除著有《天工开物》外，还有《厄言十种》《画音归正》《杂色文》《原耗》等著作，多已失传。

近年来，在江西省发现了宋应星四篇佚失的明刻本：《野议》《论气》《谈天》和《思怜诗》。

《野议》是一部议论时局的政论著作，对明末政治、经济、军事、思想、文化等方面的腐败现象进行了揭露和批判，并且提出了一些改革主张。

《思怜诗》包括"思美"诗10首，"怜愚"诗42首，反映了作者愤世忧民的感情。《论气》和《谈天》是关于自然科学方面的著作，从这两篇的标题来看，很可能是《厄言十种》中的部分篇章。

戏曲杰出作品《牡丹亭》

■汤显祖画像

《牡丹亭》全名《牡丹亭还魂记》，是明代江西大戏曲家汤显祖的代表作，与他的《紫钗记》《邯郸记》和《南柯记》合称"玉茗堂四梦"。

剧中歌颂了青年男女大胆追求自由爱情，坚决反对旧礼教的精神。

汤显祖，字义仍，号若士、海若，清远道人，江西临川人。他出身书香门第，为人耿直，敢于直言，一生不肯依附权贵。

汤显祖早年参加进士考试，因拒绝权贵的招揽而落选。直到

33岁时才中进士。中进士后，明万历年间曾任给事中，49岁时弃官回家。

汤显祖从小受心学左派的影响，结交被当时统治者视为异端的李贽等人，肯定人欲，追求个性自由的思想对他影响很大。

在文学思想上，汤显祖与公安派反复古思潮相呼应，明确提出文学创作首先要"立意"的主张，把思想内容放在首位。这些思想在他的作品中都得到了具体体现。

汤显祖虽然也创作过诗文等，但成就最高的还是戏曲。他是继关汉卿之后的又一位伟大的戏剧家。"玉茗堂四梦"这四部作品中，汤显祖最得意，影响最大的当数《牡丹亭》。史赞道："为官不济，为文不朽。"

《牡丹亭》原名《还魂记》，创作于1598年，共55出，描写杜丽娘和柳梦梅的爱情故事：

贫寒书生柳梦梅梦见在一座花园的梅树下立着一位佳人，说同他有姻缘之分，从此经常思念她。

南安太守杜宝之女名丽娘，才貌端妍，从师陈最良读书。她由《诗经·关雎》章而伤春寻春，从花园回来后在昏昏睡梦中见一书生持半枝垂柳前来求爱，两人在牡丹亭畔幽会。

杜丽娘从此愁闷消瘦，一病不起。她在弥留之际要求母亲把她葬在花园的梅树下，嘱咐丫环春香将其

■ 汤显祖雕像

121
文化底蕴
艺苑风采

关汉卿 元代杂剧作家。是我国古代戏曲创作的代表人物，与马致远、郑光祖、白朴并称为"元曲四大家"。以杂剧的成就最大，一生写了60多种，最著名的有《窦娥冤》。关汉卿塑造的"我却是蒸不烂、煮不熟、捶不扁、炒不爆、响当当一粒铜豌豆"的形象也广为人称，被誉"曲家圣人"。

形胜之区

江西文化特色与形态

自画像藏在太湖石底。其父升任淮阳安抚使，委托陈最良葬女并修建"梅花庵观"。

3年后，柳梦梅赴京应试，借宿梅花庵观中，在太湖石下拾得杜丽娘画像，发现杜丽娘就是他梦中见到的佳人。

杜丽娘魂游后花园，和柳梦梅再度幽会。

柳梦梅掘墓开棺，杜丽娘起死回生，两人结为夫妻，前往临安。

杜丽娘的老师陈最良看到杜丽娘的坟墓被发掘，就告发柳梦梅盗墓之罪。柳梦梅在临安应试后，受杜丽娘之托，送家信传报还魂喜讯，结果被杜宝囚禁。

发榜后，柳梦梅由阶下囚一变而为状元，但杜宝拒不承认女儿的婚事，强迫她离异，纠纷闹到皇帝面前，在皇帝主持下，杜丽娘和柳梦梅二人终成眷属。

■ 戏剧《牡丹亭》

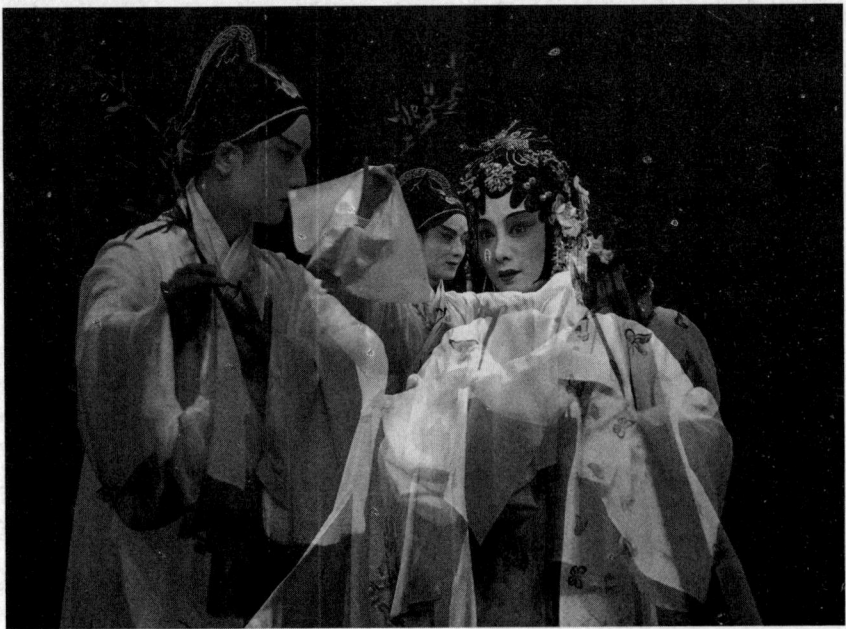

《牡丹亭》是我国戏曲史上浪漫主义的杰作。作品通过杜丽娘和柳梦梅生死离合的爱情故事，洋溢着追求个人幸福、呼唤个性解放、反对旧制度的浪漫主义理想，感人至深。

杜丽娘是我国古典文学里继崔莺莺之后出现的最动人的妇女形象之一，通过杜丽娘与柳梦梅的爱情婚姻，喊出了要求个性解放、爱情自由、婚姻自主的呼声。

《牡丹亭》以文词典丽著称，宾白饶有机趣，曲词兼用北曲泼辣动荡及南词宛转精丽的长处。明吕天成称之为"惊心动魄，且巧妙迭出，无境不新，真堪千古矣！"

汤显祖在该剧《题词》中有言：

> 如杜丽娘者，乃可谓之有情人耳。情不知所起，一往而深。生者可以死，死亦可生。生而不可与死，死而不可复生者，皆非情之至也。

历代舞台上，《牡丹亭》常演的有《闹学》《游园》《惊梦》《寻梦》《写真》《离魂》《拾画叫画》《冥判》《冥誓》《还魂》等几折。

阅读链接

《牡丹亭》与《西厢记》《窦娥冤》《长生殿》并称我国四大古典戏剧。

汤显祖以《牡丹亭》最为著名，他本人也十分得意，曾说："一生四梦，得意处唯在牡丹。"

明朝人沈德符称"汤义仍《牡丹亭梦》一出，家传户诵，几令《西厢》减价。"

汤显祖也是世界伟人之一，有人将他和莎士比亚并称为东西方交相辉映的两颗明星。

以弋阳腔为主的赣剧

■赣剧剧照

赣剧是江西省地方戏曲剧种之一，发端于明代的弋阳腔，起源于赣东北地区。明、清两代，以唱高腔为主，后来融合昆曲、乱弹腔诸腔于一体。

赣剧的形成经历了一个相当长的历史阶段。宋、元以后，南戏开始流传于我国东南诸省。赣东北地区的饶州、广信两府，曾归江浙行省管辖，明代洪武初年划入江西省。

由于交通方便和贸易往

■ 赣剧人物

来，南戏随之传入广信府的弋阳县。当时，在弋阳县落脚的南戏，是专演《目连救母》戏文的。

这种戏文，因为受到当地宗教思想的影响，逐渐发生一些变化，从而形成一种具有江西特点的南戏，被人称为"弋阳腔"，与江浙地区的其他南戏声腔，并驾齐驱。

明代成化、弘治年间，祝允明《猥谈》在对南戏声腔的评述中，就提到了江西的弋阳腔，作为赣剧的主要声腔，弋阳腔是最为古老的。

这种弋阳腔在形成以后，在剧目上除原有的《目连戏》以外，主要是以扮演为群众喜闻乐见的历史故事和神话传说，如《封神传》《三国传》《征东传》《征西传》《水浒传》《岳飞传》和《铁树传》等12种。和《目连戏》一样，每种都分作7天演完。

这种连台本戏的出现，为弋阳腔以后的发展打下

南戏 北宋末至元末明初在南方最早兴起的戏曲剧种，我国戏剧的最早成熟形式之一。南戏有多种异名，南方称之为戏文，又有温州杂剧、永嘉杂剧、南曲戏文等名称，明清间亦称为传奇。南戏为以后的许多声腔剧种的兴起和发展的基础，为明清以来多种地方戏的繁荣，提供了丰富的营养，在中国戏曲艺术发展史上，具有重要意义。

■ 赣剧剧照

乌盆记 古典名著《三侠五义》第五回乌盆诉苦别古鸣冤的片段，主要讲述包公到定义县赴任破获的一起贪财行凶命案，被后人演绎成经典戏剧剧目，一名《奇冤报》，又名《定远县》。系老生传统戏。徽剧、秦腔、川剧等其他流派都有此剧目，在演唱上有不同处理。

了坚实的基础。

随着南戏其他声腔的发展。明代的弋阳腔还从南戏和传奇中移植了一些剧目，如《珍珠记》《卖水记》《长城记》《八义记》《三元记》《鹦鹉记》《白蛇记》《十义记》《洛阳桥记》《清风亭》《乌盆记》和《摇钱树》等。这批传奇戏的增加，使弋阳腔的演出内容更加丰富，进而又把弋阳腔的发展向前推进了一步。

赣剧的前身饶河班和信河班，都以演唱乱弹腔为主。其中饶河班以景德镇、鄱阳、乐平为中心，保存了部分的高腔剧目，艺术风格也比较古朴、粗犷。

同时，信河班则是以贵溪、玉山为中心，没有高腔，它的乱弹唱腔则相比较而言较为婉转流利，当时也统一称作"江西班"。

后来，合并饶河、信河两个分支，正式更名为

"赣剧"。

赣剧流行的地区，在明代主要是唱弋阳腔。清初以后，保留在这里的弋阳腔，因为战争的破坏等，原来上演的连台本戏大都失传，流行地区只剩下玉山、弋阳、贵溪、万年和鄱阳等地。

这时在民间流传的弋阳腔，被大多数人称之为"高腔"，其中活跃在弋阳、万年的高腔班，还留下18本高腔戏，以维持它的正常演出活动。

光绪年间，由于乱弹诸腔的兴起，在赣东北地区的戏班，有些便开始转唱高腔以外的其他声腔，经过几百年的发展，才使赣剧最终变成了个综合高、昆、乱三腔的剧种。

这种新式的弋阳腔是继承南北曲的传统，并结合地方特点而创造出来的，其基本原因，就是用弋阳的方言土语来唱南戏的曲调，这才形成具有江西特点的新腔。

这种新腔，在目连戏的阶段还带有浓厚的宗教音乐色彩。以后，通过连台本戏和传奇戏的演出，才使它摆脱了宗教音乐的影响，变成南戏中流传甚广，影响最大的戏曲声腔。

■ 赣剧剧照

长期以来，这种弋阳腔一直是干唱和带有人声帮腔的形式，由于是用假嗓子翻高八度的帮腔，故对本嗓帮腔的声调而言，也自称为高腔。

赣剧从明代弋阳腔开始，到清代的乱

弹诸腔以及昆腔的吸收，使它变成一个具有地方特色的多声腔的剧种。

弋阳腔的唱腔结构、伴奏及行当与余姚腔、昆山腔、海盐腔基本一样。弋阳腔又有徒歌、帮腔、滚调等演唱形式，配以锣鼓，气氛热烈，它的粗犷、豪放、激越、明快的特点，深受广大劳动群众的欢迎。

弋阳腔的曲牌，来源于两个方面：出自南戏的曲牌有"鹧鸪天"、"皂罗袍"等；出自北曲的有"新水令"、"端正好"、"点绛唇"、"寄生草"、"朝天子"、"醉太平"、"快活林"、"清江引"等。它们虽为套曲，但可随心入腔。

弋阳腔的角色分为小生、正生、老生、二花、三花、小旦、正旦、老旦等行，其唱腔结构最初采用曲牌联套体，演出时仅辅以锣鼓而不用管弦伴奏，演员一人演唱，数人接腔，形成极富特点的"徒歌、帮腔"演唱方式，明代中叶又发展出打破曲牌联套体制的滚调，进一步增强了声腔音乐的戏剧性和表现力。

在广泛流播的过程中，弋阳腔繁衍出多种变体，由此形成高腔体系，对南北各地的四十几个声腔剧种产生了重要影响，推动了我国地方民间戏曲的发展进程。

■ 赣剧人物照

■赣剧剧照

　　赣剧弋阳腔显著特色是"一唱众和"，以打击乐和丝、竹、弦、管等乐器配乐伴奏，唱腔可塑性大、声调高亢，既具南方温柔敦厚之雅韵，又兼北方慷慨激昂之气质。

　　而在赣剧弹腔中，既保持了清代"花部"的"其音慷慨，血气为之动荡"的表演风格，又因丑角戏的大量出现，悲剧中穿插喜剧手法，以及乡音俗语的运用，使舞台效果更为突出。

阅
读
链
接

　　赣剧供奉的祖师爷，亦名为老郎神，俗称"田府正堂"，这是南戏传给弋阳腔的祖师父。而明代的弋阳腔是从浙江杭州传入的南戏为基础，结合江西的地方特点而产生的，故赣剧祖师爷才有"杭州西门外铁板桥头二十四位老郎师傅"之说。

　　清代以后，赣剧的老郎神改为唐明皇。在广信府的玉山班里，亦有供奉田、窦、葛三位祖师的。尽管祖师爷有这些不同说法，祖师爷的诞生日都是农历六月二十四。而赣剧的老郎庙只在玉山县发现一处。

载歌载舞的江西采茶戏

　　江西采茶戏是江西各地采茶、花灯等民间歌舞小戏的统称，最初为茶农采茶时所唱的采茶歌，后与民间舞蹈相结合，形成了载歌载舞的采茶灯。

　　每逢灯节或收茶季节，茶农常用这种形式即兴演出以采茶为内容

■ 采茶戏剧照

的节目，因以茶篮为道具，亦称"茶篮灯"。后来，内容、唱腔、表演形式不断丰富，逐渐发展成为活跃于广大农村的采茶戏。

采茶戏最早出现于赣南安远县九龙山茶区，继而见于赣东铅山县，之后很快在全省各地流传，并分别吸收当地的民间艺术和各种地方戏曲的剧目、声腔，衍变为各具特色的多种采茶戏。

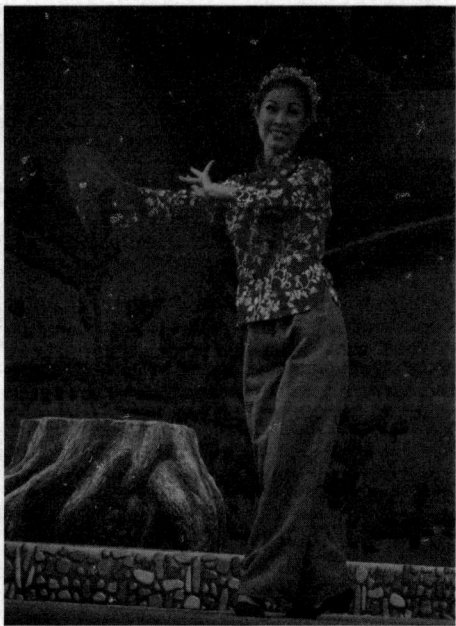

■ 采茶戏人物照

早期采茶戏以演生活小戏为主，只有三个角色，故又称"三脚班"。

江西采茶戏根据其不同特点和流行地区，大致可分为五类：

赣南采茶戏形成最早，清代中叶已流行于赣南和粤北。擅演轻松活泼的喜剧。表演上丑角常模拟猴、猫、鸟等禽兽动作，丑的"矮子步"和旦的"扇子花"均有特色。唱腔曲调分灯腔、茶腔、路调、杂调四类，以茶腔为主，弦乐伴奏。

赣南采茶戏剧目多为丑旦合演的民间生活小戏，如《挖笋》《拣田螺》《巧耍香龙》等，经过整理的《采茶歌》《哨妹子》较有影响。

赣西主要有萍乡采茶戏和万载花灯戏等。流行于永新、宁冈、莲花、萍乡、万载一带，由赣南采茶戏

矮子步 又称矮子路，汉调二黄丑角的表演身段。动作要领：上身伸直，提气，双膝向前弯曲，脚跟抬起，用脚尖行走，双手自由摆动，每走一步，脚尖刮地。"矮子步"有"半矮子步"与"整矮子步"之分。"半矮子步"指剧中人物临时做矮人，在舞台演出中时而走矮子步，时而站起来按正常人行走。

■ 采茶戏剧照

饶河戏 饶河人在南戏和弋阳腔的基础上经过改造发展，变一唱众和、锣鼓伴奏、以板击节的高腔，与乱弹、徽剧、秦腔、昆曲等皮黄声腔溶融糅合，形成了唱腔丰富、剧目众多，乡土气息浓郁的饶河戏。饶河戏的广大舞台是农村和城镇，观众对象既有农民、手工业者，更有工人，一开始便深受广大劳动人民喜爱。

流入后衍变发展而成。清道光年间已盛行于赣湘交界地区，后期受湖南花鼓戏影响较大。

赣西采茶戏有二胡、笛、唢呐等伴奏乐器。主要曲调分灯彩词调、花鼓调、歌腔、民歌小调四类，传统剧目有《放风筝》《卖杂货》等，民间故事戏《吴燕花》和《塞上红》较有影响。万载花灯戏后期受高安采茶戏影响较多。

赣东北地区有赣东采茶戏和景德镇采茶戏两种。

赣东采茶戏源于铅山县的茶灯戏，流行于铅山、上饶、贵溪、弋阳等地。初为二旦一丑的"三脚班"，受黄梅采茶戏影响增一小生，后又增加了老生、老旦、花脸，连同三个打击乐手，称为"七唱三打"的"半班"。

赣东采茶戏男角擅长扇子功，旦角擅长手帕功，曲调分"三角小调"和"湖广调"两类，早期演唱只以锣鼓伴奏，干唱加帮腔，后加管弦伴奏。主要剧目有《三矮子放牛》《三姐妹观灯》《打平斗米》《鹦哥记》《拷打红梅》等。

景德镇采茶戏系由湖北黄梅采茶戏流入后衍变而成，流行于景德镇、波阳、都昌一带。剧目、唱腔均近似黄梅采茶戏，表演上曾受饶河戏影响。

赣北地区有南昌采茶戏、武宁采茶戏和九江采茶戏。

南昌采茶戏流行于南昌、新建、安义等县，其曲调分为本调和杂调两类，本调系由下河调发展而来，杂调包括茶灯调和小戏专用曲调。传统剧目有《南瓜记》《鸣冤记》《辜家记》《花轿记》"四大记"等48本。

武宁采茶戏流行于武宁、修水、铜鼓、靖安一带。清道光年间就已演整本戏，如《失印配》《褂袍记》《文武魁》等50余本。音乐曲调有正腔包括北腔、汉腔、叹腔、四平腔以及花腔和杂调。剧目、唱腔亦与黄梅采茶戏接近。

九江采茶戏流行于瑞昌、德安、九江、湖口一带，剧目有

■采茶戏剧照

■ 采茶戏剧照

"三十六大本，七十二小出"之说，唱腔分平板、花腔、汉腔、杂调四类，接近黄梅采茶戏。

赣中地区则有抚州、吉安、宁都、高安等多种采茶戏。

抚州采茶戏，源于宜黄县的三脚班，并受黄梅采茶戏、宜黄戏、傀儡戏等影响，流行于临川、崇仁、宜黄、乐安等地。

抚州采茶戏主要唱调有由"丰城丝弦班"唱调发展起来的"本调"和由抚州"会母调"发展起来的"抚调"，以及川调、文南词和各种小戏专用曲调。

抚州采茶戏伴奏乐器有笛子、唢呐、二胡等。剧目有《三伢子放牛》《小和尚锄茶》《白扇记》《毛洪记》等。

吉安采茶戏流行于吉安地区，亦源于宜黄县三脚班，曾受湖南花鼓戏、吉安戏、宜黄戏的影响，唱腔分本调、文南词、小调三类，剧目有《大放马》《欢

送哥哥上南方》等。

宁都采茶戏流行于赣东南,发展中受祁剧、宜黄戏影响,曲调分本调、小调,主要伴奏乐器为"勾筒",剧目有《锄豆》《铲棉》《毛朋记》等。

高安县的采茶戏源于灯戏,先后演变成两种采茶戏,一为锣鼓班,受当地瑞河大班影响较大,其高腔唱调和锣经具有特色,称瑞河戏。另一种为丝弦班,称高安采茶戏。

高安采茶戏因受赣南等地小调和瑞河戏影响,原来伴奏只用"丝弦",后吸收了京剧的锣鼓经。剧目有《孙成打酒》《剑袍记》和《喜鹊闹梅》等。

阅读链接

江西采茶戏丰富多彩,载歌载舞,具有浓厚的生活气息和地方特色。虽从清乾隆时起屡遭禁演,但它仍以顽强的生命力活跃于广大农村。

由于它善于吸收各种民间歌舞和地方戏曲的长处,发展非常迅速,已成为江西流行最广泛的地方戏曲。

赣州第一剧种东河戏

　　东河戏是诞生于赣南的古老剧种之一，是在赣州东河片地区高腔的基础上，逐步融合了昆曲、宜黄调、桂剧、安庆剧、弋板、南北调、秧歌调等，发展成拥有高、昆、弹三大声腔较为完整的戏曲剧种。因其形成于赣州东面贡水流域，又称东河戏。

　　东河戏初名为赣州大戏，它集高腔、昆腔、乱弹多种声腔于一

■ 东河戏

■ 东河戏演出

身，起源于赣县境内的田村、白鹭、清溪、劳田和睦
埠一带。

东河戏经历了一个复杂的发展过程。早在嘉靖年
间，东河流域赣县与兴国交界的田村、白鹭等地流行
一种以高腔曲牌清唱故事的坐堂班。

坐堂班每逢吉庆节日，酬神还愿时，演唱一种受
弋阳腔影响的"道士腔"，这种坐堂班不彩扮表演，
而是围桌而坐，和琴而唱，形式较为简单灵活，故特
别为当地百姓喜爱。

这种坐堂班即被认定为东河戏的胚胎，并于万历
年间搬上舞台。坐堂班盛行时期，每次迎神赛会，乡
间必选男女娇童扮作神道仙佛故事及流行戏曲中的精
彩画面，肩抬游行，当地人俗称"扮故事"，这一传
统历代沿袭。"扮故事"形式上发展到以高腔大本戏
为主的舞台演唱，形成东河戏雏形。

1646年，睦埠人刘仁全组建演唱高腔戏的戏班，
名叫"玉合班"，这是东河戏成立最早，也是历史最

文化底蕴

艺苑风采

昆曲 发源于苏
州昆山的曲唱艺
术体系，糅合了
唱念做打、舞蹈
及武术的表演艺
术，是我国最古
老的剧种之一，
也是我国传统文
化艺术中的珍品，
以曲词典雅、行腔
婉转、表演细腻著
称，被誉为"百
戏之祖"。

酬神 指祭谢神
灵。清代民间为
酬谢神的佑护，
常常以歌舞、杂
剧、鼓乐等形式
举行娱神活动。
这种活动称为酬
神、赛神、报
赛。其俗由来已
久，从原始社会
至历史时代的早
期，"鼓乐歌
舞"一直是沟通
人神两界的重要
手段。

■ 东河戏剧照

目连 即目犍连，也称"大目犍连"简称为"目连"、"目莲"。佛陀十大弟子之一，有"神通第一"的称号。目犍连弘扬佛法遭到外道的嫉妒，在一次弘法经行中，死于暗杀，他是佛教史上第一个为了传播佛法流血殉教的人。

长的一个戏班。

"玉合班"主要演出高腔连台大戏，如《目连传》《西游记》《三国演义》《香山记》《封神榜》《白蛇传》等，这些剧目都是一本戏能演十几天的连台戏。

其中最著名的当属《目连传》，最令人记忆犹新的是其"耙"。这指的是该剧有一些特技表演，耙是一种三刃铁叉，演出时演员用耙不断向人的头部、腋部、胯部掷出追打，惊险的动作能把观众看得目瞪口呆。《目连传》正是通过这些高难度的绝技来表现剧情。

《五台会见》中讲杨三良模拟十八罗汉神态，自有一套程式，惟妙惟肖。《铁树传》演许真君降伏孽龙，群歌群舞场面气势宏伟，动作奔放遒劲，所以受到当时人的极大欢迎。

"玉合班"一直以来都非常强大，并派生许多戏班，且多以"玉"字取名，如玉喜台班、玉清台班。

1654年，又从苏州来了一批昆曲子弟，在田村组建了以演唱昆曲为主的"聚雪班"，后又改称为"凝秀班"，从此，高腔、昆腔互相渗透。

这两个班社的组建，标志着赣州一个以演唱高昆为主的戏曲剧种开始形成。

以昆腔为主的"聚雪班"的成立，当地有一个小故事：

据传东河流域有一个富商，名叫谢国泰，此人在苏州经商多年，积蓄了大量资本，由于在苏州年限已久，酷爱昆曲，所以告老返乡时，在苏州买来一批昆腔演员带回赣县，并组成"聚雪班"。

"聚雪班"在表演上有一个特点，即非常保守，它不肯吸收弹腔艺术特色，因而在其发展上有一定的局限。

但"聚雪班"的演出非常规范，并且表演一丝不苟，注重舞台形象，故受到上层人士的欢迎，许多文人、当地士绅、地方官员都非常喜爱它。

康熙时，东河戏又吸收宜黄调，简称"二凡"。咸丰后，又吸收桂剧西皮戏、安庆剧、弋板、削比调、秧歌等，这就使得东河戏乱弹腔形成以二凡西皮

士绅 主要是指士族和乡绅的结合体。包括士族代表的：门第、衣冠、世族、势族、世家、巨室、门阀等。和乡绅代表的乡绅阶层是中国封建社会一种特有的阶层。

桂剧 广西的主要剧种之一，俗称桂戏或桂班戏，是用桂林方言演唱的剧种，做功细腻贴切、生动活泼，借助面部表情和身段姿态传情，注重以细腻而富于生活气息的表演手法塑造人物。

■东河戏剧照

为主，同时又吸收安庆调和南北词的一套完整系统。

这时剧目非常繁多，皮黄剧目以列国、秦汉、三国及唐宋历史题材为多；唱安庆调的主要有《打樱桃》《听琴接驾》等，唱南北词的有《安安送米》《洞宾对丹》等；其他如《小放牛》《进城看女》《打花鼓》《大补缸》等，亦各有专用曲调。

东河戏中的乱弹腔首先将自己的观众定位于下层百姓，非常具有地方特色，实际也证明它受到人民的热烈欢迎。

■ 东河戏戏剧人物

至此东河戏的发展历程基本完善，它糅合高腔、昆腔与乱弹腔为一体，是一个真正意义上的"三腔合一"的剧种，三种声腔齐头并进，异彩纷呈，各有所长，各有绝技，多有独特的表现手法，具有深厚的群众基础。

自乾隆至同治的100多年间，是东河戏发展的最高峰，流布最广。

当时，仅河东一片，职业班就有49个，演出剧目高腔有252种，昆腔有96种，弹腔655种，流行区域发展到赣南各县和吉安地区以及闽西、粤北与梅县、潮州和湘西部分区域。

此后，又相继吸收了江西宜黄调、桂剧西皮戏、

中州韵 又称"韵白"，是我国戏曲韵文所根据的韵部。"中州"指河南省一带，"中州韵"最开始是以当时的北方话为基础的，跟皮黄戏的"十三辙"很相近，我国许多戏曲剧种在唱曲和念白时使用的一种字音标准。

安庆调、弋板、兴国南北词等发展成为有高、昆、弹三大声腔，较为完整的地方剧种，成为影响赣州东河一带的"赣州第一剧种"。

东河戏班社多为班主制，由有衣箱的人为班主，主持入社的人通常称为"老包"。他们有的自己有衣箱，有的向别人租来衣箱；有的自己能演戏，也有不会演戏的；有一人独当，也有几人合伙的。

东河戏舞台语音以中州韵为基础，杂以客家官话，本剧种人称为赣州官话。其声平仄略与普通话相反；反之亦然。丑行有时纯用地方语音插科打诨。

东河戏传统剧代表剧目有《雷峰塔》《挽发记》《玉簪记》《扫秦》等。

东河戏的剧目，高腔主要演弋阳腔连台大戏，如《目连传》《三国传》《封神传》《铁树传》等。昆腔整本戏有《金印记》《金雀记》《渔家乐》等，皮黄戏在东河戏中占多数，如《九江为王》等。

高腔的《双斗猴》，皮黄的《九江为王》等剧目，在其他剧种中已很少见。

东河戏的戏曲语言用赣州官话，又常夹杂乡语，诙谐活泼。表演程式化，朴实、生动、健美、富有民间生活气息，有些剧目表演很有特色，如《五台会见》，杨五郎模拟十八罗汉神态，惟妙惟肖。

阅读链接

古老而独特的赣州东河戏，是客家先贤创造的戏剧艺术财富。它丰富多彩、风格独特、可塑性强、乡土气息浓郁、立足农村的表演形式，赢得了不同层次观众的青睐。

现在，在赣州东河一带的乡村中，仍然保留着众多民间东河戏班，在传统节日和婚丧嫁娶时，人们都会邀请戏班唱上几台大戏。

久负盛名的吉安灯彩

吉安灯彩，久负盛名，是广泛流行并富有群众性的一种自娱性的表演形式，它是农村每年元宵节的传统活动节目，也是民间"闹元宵"的主要娱乐活动。

自唐宋以来，吉安的万安县就有元宵玩灯的风俗。"元宵夜间，群执歌舞，曼声唱之"，"十五日夜，扮灯者，极热闹。"乾隆《庐陵县志》也记载：

元宵向有灯节名，然古人每记鳌山诸灯彩，不见于邑惟龙盛行，尤首最丽，尾次之，厥身长短不等。短者舞以七九人，长者舞以娄十

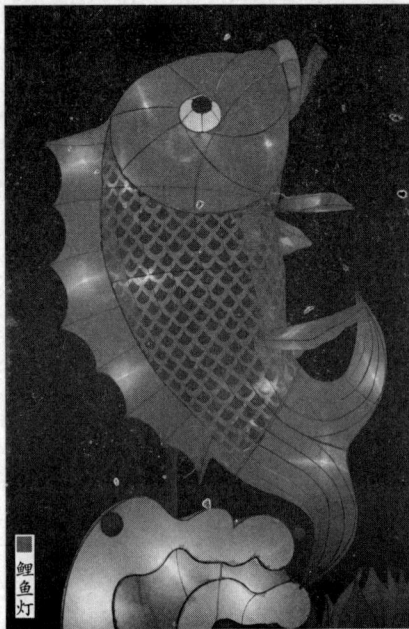

鲤鱼灯

人，之时夭矫如生，有能者献珠于前，迎合
之巧，珠几为龙吞。

■ 吉安花灯

　　吉安灯彩遍布当地城镇乡村，尤以吉水、万安、遂川、泰和、青原、吉安等县区为甚。在源远流长的赣文化中占有十分重要的地位。

　　吉安灯彩，一是与民间节日、祭祀活动紧密相关，蕴含着浓郁的民俗色彩；二是表现了强悍不屈、奋发向上的庐陵先贤遗风和精神；三是讲究整体造型美，制作上力求精巧，融竹艺、剪纸、彩绘和光源于一体；四是选用了极富地方色彩的伴奏音乐。

　　吉安灯彩主要分为灯舞和龙舞两部分。

　　各种形式的灯舞，或制作精巧，造型别致；或异彩纷呈，气势壮观，大致可分为两类：一类是观赏灯，一类是圆场灯。

　　观赏灯有莲花灯、桥灯、吊丝灯、走曾灯、瓶

剪纸 又叫刻纸，是中国汉族最古老的民间艺术之一，它的历史可追溯到公元6世纪。窗花或剪画。不同的是创作时，有的用剪子，有的用刻刀，虽然工具有别，但创作出来的艺术作品基本相同，人们统称为剪纸。

鳌鱼 相传在远古时代，金、银色的鲤鱼想跳过龙门，飞入云端升天化为龙，但是它们偷吞了海里的龙珠，只能变成龙头鱼身，称之为鳌鱼。雄性鳌鱼金鳞葫芦尾，雌性鳌鱼银鳞芙蓉尾，终日遨游大海嬉戏。

灯、蚌灯、鱼灯、凤凰灯、青蛙灯、螃蟹灯、游灯、花灯、座灯、行灯、西瓜灯、白菜灯、皮灯、罗车灯、字牌灯、蝴蝶灯等。

观赏灯其内容没有具体的情节和含义，主要是烘托气势，制造气氛，展开大型灯会表演的场面。

圆场灯有鲤鱼灯、虾蚣灯、麒麟狮象灯、鳌鱼灯、股子等。圆场灯是表演性的灯舞，它有内容有意义，表达一定的故事情节，表现人们的美好意愿和向往，理想和追求，表现了人们对生活的热爱。

观赏灯和圆场灯，大都是在春节期间和元宵节期间，伴随龙、狮舞一道活动，组成大型的灯会或组成一定的场面，以姓氏家族和自然村为单位出灯。

观赏灯主要是用竹篾、彩纸、麻绳等材料制作而成。灯型大多是花、虫、鸟、兽。这种灯，在制作

■ 观赏灯

时，需要有较高的结扎技艺和裱糊技术，才能眉须毕显，栩栩如生地再现花、虫、鸟、鱼、兽的形态。

一个灯，在制作完成后，不仅能烘托龙舞、狮舞的表演，更重要的是它的观赏价值，堪称是上佳工

民间舞龙表演

艺品。这些观赏灯，在举行灯会时，往往排列在龙、狮的前列，起着引路开道的作用，在表演时，巡场游弋，则起着划场圈地，编排造型和队列，使整个灯队多至数十人或百十人，队列壮观，色彩斑斓。

而吊丝灯更是绝妙，在一根长棍上，用篾和纸扎糊成一座精美的多层戏台，分为上下五层，每层都有一台戏的人物。戏中的人或物通过用线操纵，能左右摆动。

台角，更令人击节称妙：由八人抬着一个特制的四方台，台上坐着几个五六岁的孩童，装扮成民间神话故事中的人物。

特别令人惊叹的是，坐在下面的人物持一把隐蔽在衣袖中的大剪刀，剪刀尖上放着一只小凳子，上面还要坐一个小孩。由于剪刀隐蔽，给人以空中台阁之感。

圆场灯灯型也是以花、虫、鸟、兽为主。表演上，则模拟其所表现动物的生活习性和动作，变幻成各种花节。无论是闻名遐迩的鲤鱼灯，还是虾蚣灯、麒麟狮象灯、鳌鱼灯，在表演上共同的特点，都是靠表演者来操纵手中的道具，再现各种灯饰的风貌。

龙舞是吉安市极为普及盛行的民间舞蹈，几乎乡乡村村都有舞龙

的习惯。种类主要有布龙、箍俚龙、板凳龙。

对于龙的形象的塑造形意而合，颇具匠心，或气势昂扬；或小巧玲珑；或华彩壮观；或秀色纤细。丰富的艺术想象结合民间手工艺人的结扎技艺，使龙的形象栩栩如生，风采多姿。

布龙是以一条染色的，画有鳞片的布连缀龙的头、身、尾部而名的，它的制作是，用竹篾编扎成龙的头、尾，表面糊上绵纸或蒙上纱布，用彩色纸和颜料贴绘成龙形，并贴上金银纸箔。身部为一长圆形竹篓，竹篓缚在一根长约五尺的木棍上端、篓与篓之间依靠龙衣串联，间隔六尺左右，组成龙身。

布龙的长度以组成龙身的节数多少而定，表演者手持龙的头、尾、身部的木棍而舞。常见的有"三节龙"、"五节龙"、"七节龙"、"九节龙"，还有多达31节、51节、211节的"长龙"。龙为几节，就由几人表演。

箍俚龙是以上千个直径为1尺7寸的竹篾箍，用麻绳串联成龙身而得名的。龙头、龙尾的扎编与布龙大体相同，龙身是每隔七八尺处装一木把，连头带尾11把，长约7丈有余。

在竹篾箍组成的龙身上，要用蜡光纸粘贴上黄色或红色鳞片，再在龙脊背上贴上一绿一红的彩纸为"龙筋"。箍俚龙分成两种，一种为观赏性，如"彩龙"。另一种是利用篾箍与篾箍之间的弹性，摆出各种造型和字形。

箍俚龙表演的特点是"轻、缓、细、密"。步法以"小碎步"为主。穿花时则用"小跑步"。舞龙尾者则多成半蹲状态，随龙头而行。龙头、身、尾在速度上、高度上都要配合默契，和龙浑然一体，在穿花、摆字、造型时能连贯自如。

箍俚龙表演的花节有"巡场"、"单穿花"、"双穿花"、"摆字"、"绕柱"、"盘五"、"咬尾"等。每舞一花节之前都要做一次"咬尾"动作。

板凳龙是在一条板凳的两端，一端扎龙头，一端

蜡光纸 在原纸上涂上蜡质涂层，然后用燧石反复摩擦产生光泽而制成的纸，具有极高的光泽度、较好的外观性能、较高的抗张强度和撕裂强度。根据产品需要可染成不同的颜色，多用于装饰、精美包装等场合。

147

文化底蕴

艺苑风采

■ 龙灯

扎龙尾而得名的。其中，龙的头尾有的是用篾扎纸糊的，有的则是用稻草扎成的。

舞动时，龙头的一端由两人各持一条板凳脚，龙尾随龙头而转，龙头往右转时，持龙者用左手持，反之，用右手。三人同时将板凳举起，或上下滚动，或左右绕转，或从中穿过。

板凳龙小巧玲珑，场地不限，高超技艺的舞蹈者甚至可以在方桌上舞。这是一种比较简便的自娱形式。

各种龙舞都有各自的表演程式，有的出外表演对要在家族祠堂举行叩拜仪式，有的要由村里德高望重的长辈送龙。

但共同之处，一是大多数龙舞在表演时都在龙珠或鲤鱼的引导下活动，当变换花节动作时，要随龙珠的指挥而变；二是在每个花节动作做完之后，要有一段缓冲的悠扬动作和走圆场，以便衔接下一个花节动作；三是舞龙通常在场子地上表演，为了让四周观众都能看到，往往每套动作要做两至四个方向。

舞龙在兴头时，舞者要高声吼叫以振声威，约会者要燃掷鞭炮以助威称快。

阅读链接

龙舞一般都是在春节期间或元宵期间的活动。它由群众自发组成，在过去或由一姓氏家族组成，在本村和邻近村寨表演，或穿屋上堂，或游弋村巷坪场，表示祝贺。

舞队的组成有两种情况：一种是小型的，只有龙队和伴奏的锣鼓；一种是大型的，除龙队外，还有狮舞、灯舞、采莲船、蚌壳舞、花灯等一些民间艺术形式，以及武术表演者一道参加。

这些龙队每到一处，群众都放鞭炮迎接，有的还以茶食款待，甚至送"红包"酬谢。